MÉMOIRE

SUR L'ÉTABLISSEMENT

D'UNE NAVIGATION

A GRAND TIRANT D'EAU,

ENTRE PARIS ET LA MER PAR LA VOIE FLUVIALE.

PARIS, IMPRIMERIE DE GAULTIER-LAGUIONIE,
HÔTEL DES FERMES.

MÉMOIRE

SUR L'ÉTABLISSEMENT

D'UNE NAVIGATION

A grand tirant d'eau,

ENTRE PARIS ET LA MER PAR LA VOIE FLUVIALE.

Par Trimot,

INGÉNIEUR AU CORPS ROYAL DES PONTS ET CHAUSSÉES.

PARIS,

MATHIEU ET Cie, LIBRAIRES,

PALAIS-ROYAL, GALERIE DE BOIS.

1827.

PROJET

DE NAVIGATION

A GRAND TIRANT D'EAU,

De Paris à la mer.

INTRODUCTION.

SITUATION DE LA NAVIGATION ACTUELLE DE LA MER A ROUEN ET DE ROUEN A PARIS.

Paris reçoit par la Seine les productions de l'intérieur et de l'étranger que réclament les besoins de son industrie et de sa consommation; à mesure que l'une et l'autre s'accroissent, ce grand moyen de communication, d'une part avec nos provinces, et de l'autre avec la mer, acquiert une nouvelle importance; tout ce qui peut le rendre plus utile, plus prompt et surtout plus économique doit exciter à un haut degré l'intérêt du public. Rattacher le bassin de la Seine aux autres bassins de la

France par des canaux, perfectionner sa navigation à la mer, sont des questions de première nécessité dont l'ajournement entraînerait les conséquences les plus fâcheuses. Car il ne s'agit pas
seulement d'améliorer pour obtenir un plus grand
avantage à venir, mais d'arrêter promptement les
progrès d'un mal qui augmente chaque jour. Nous
voyons Paris traversé par un grand fleuve, nos
ateliers et nos magasins reçoivent en abondance
les matières premières que nous devons mettre en
œuvre ou consommer, mais nous ne songeons pas
à tous les retards, à tous les déchets que ces marchandises ont éprouvés avant d'arrivèr à cette destination, et de combien de frais inutiles elles sont
grevées. Nous nous en apercevrons, quand nous
serons plus avancés dans le perfectionnement de
la production, quand surtout la concurrence de
travaux plus économiques viendra nous prouver
que la première condition de toute industrie est
de produire à bon marché.

Alors nous sentirons que nos voies de transport
sont insuffisantes, lentes et coûteuses.

Cet état de choses, tous ceux qui s'occupent
d'industrie peuvent l'apprécier aujourd'hui, mais
il faut aussi que le public en connaisse les inconvéniens, et le simple exposé des faits le con-
vaincra mieux que tous les raisonnemens.

Tous les bâtimens du commerce de long cours
et en général les navires jaugeant plus de 150 tonneaux qui portent les marchandises destinées à la
consommation de Paris et de la vallée de la Seine,

abordent au Hâvre dans un port ouvert à toute l'agitation des vagues de la mer, et dont l'entrée présente de nombreux dangers (1).

Les petits navires du cabotage sont les seuls qui puissent remonter à Rouen. Leur entrée en rivière a lieu du côté de Honfleur, où ils suivent un chenal changeant, qui n'est pas praticable à basse mer. L'habileté des pilotes lamaneurs trace assez heureusement le chemin de la mer à Quillebœuf, mais en amont de ce port jusqu'à Caudebec, la navigation est semée de tant d'écueils que l'on ne comprend pas comment des navires jaugeant 100 tonneaux s'exposent à les franchir (2).

A Quillebœuf on rencontre le premier haut-fond, un banc de sable qui s'élève en été à environ trois mètres en contre-haut de la basse mer de vive eau, et que les navires ne peuvent traverser avec le secours des vents favorables, qu'au moment de la haute marée. Ils entrent alors au milieu de sables très-mouvans et presque fluides qui occupent le lit de la rivière de Quillebœuf à Villequier.

Entre ces deux points il existe quelques mouillages où les navires se réfugient pour y attendre l'étale de la haute mer, seul instant où il est pos-

---

(1) Ce qui le prouve incontestablement , c'est que la prime d'assurance pour cette destination est d'un quart pour cent en sus de celle des autres ports.

(2) De la mer à Rouen, la prime d'assurance est de 172 p. c. et nous croyons pouvoir affirmer qu'elle ne couvre pas le montant des avaries qui ont lieu de Quillebœuf à Caudebec.

sible de franchir les autres bancs qui forment des barres aussi hautes que celle de Quillebœuf. Si leur position ne variait pas, et qu'à l'avance on sût exactement leur élévation et leur étendue, les naufrages seraient moins fréquens; mais ces bancs changent de place, surtout en été, même dans l'intervalle de deux grandes marées; et le passage des navires, s'effectuant au moment où la rivière va descendre, si un bâtiment vient à échouer, à la marée suivante, il est englouti dans les sables par la violence des courans de flot.

Assez généralement on attribue, par erreur, à l'effet de la barre d'eau, phénomène qui précède le premier flot dans les grandes marées, lorsque la rivière est à son étiage, les désastres de la navigation dans ces parages. Ce sont les courans rapides de flot qui suivent cette onde, dite barre d'eau, et durent 30 à 40 minutes, qui sont la seule cause de toutes les avaries. Alors la rivière n'est qu'un torrent de sable qui se creuse un chemin sous le navire échoué sur son passage et l'engloutit en quelques minutes. Il est vrai de dire que la barre indique et précède toujours ces violens courans; quand elle n'apparait pas, les dangers sont moindres, parce qu'alors la vitesse du flot est plus petite (1) et la profondeur d'eau plus grande. Aussi

______

(1) C'est qu'alors les eaux de la rivière étant plus hautes, au commencement de la marée montante, sa section ouverte au courant de flot est plus considérable, et la vitesse de ce courant est trop faible pour agiter et entraîner les sables.

la navigation s'améliore-t-elle durant et après les grandes eaux de l'hiver, saison où l'on n'a jamais vu de barre d'eau dans la Seine.

Cette dernière observation est de la plus haute importance pour arriver au perfectionnement de la navigation de la Seine inférieure.

Après avoir éprouvé toutes les terreurs d'un péril qui se renouvelle à chaque marée de jour et de nuit, celui des violens courans qui tendent à précipiter les navires sur les bancs mobiles et contre lesquels ils luttent quelquefois pendant trois semaines, ils arrivent au bassin le plus tranquille, le plus commode que l'on puisse désirer, et qui conserve tous les avantages d'une navigation facile depuis Caudebec jusqu'à Rouen. Quoique dans cet espace la rivière soit réduite à une petite largeur, 150 à 200 mètres, les bâtimens y louvoyent, ils profitent du flot et du halage pour monter, et leur descente est encore plus prompte. Ce trajet, dans la riche et fertile vallée de la Seine, est assez agréable durant la belle saison, pour faire oublier au voyageur les dangers auxquels il vient d'échapper. Le négociant armateur de navires ne se console pas aussi vite et promet à chaque naufrage qui a lieu dans la Seine inférieure, d'interdire cette navigation à ses capitaines; mais la nécessité de prendre un fret pour le port qui reçoit le plus de marchandises n'arrête pas les mouvemens de transport, malgré la progression effrayante du danger.

Si le trajet de la mer à Villequier ne présentait

pas plus de périls que de ce point à Rouen, le fret pour ce dernier port ne serait pas plus cher que le fret actuel des navires à la destination du Hâvre; car on ne compte pour rien un excédant de deux jours de voyage, même en pleine mer. Ce qui ne doit pas étonner, puisque notre navigation se fait d'habitude avec 15 ou 20 jours de *planche*, c'est-à-dire, de temps perdu et consacré à un déchargement qui pourrait s'opérer en deux jours.

Les navires qui sont affrétés pour le Hâvre y déchargent leurs marchandises. Elles y sont emmagasinées jusqu'au moment où elles doivent être transportées à Rouen sur des allèges. Pendant cet intervalle, elles supportent des droits de commission, des frais de transports, d'emmagasinage et souvent même restent exposées à un déchet et à des avaries qui peuvent porter un grand préjudice aux détenteurs. Le transport par les allèges du Hâvre à Rouen coûte de 12 à 15 francs le tonneau; et il faut ajouter aux premiers frais ceux d'un second emmagasinage ou transbordement, la commission de passage, les déchets auxquels beaucoup de marchandises sont exposées et en outre l'intérêt de leur valeur pendant la longue durée du trajet. Toutes ces charges sont telles, que beaucoup de marchandises suivent la voie de terre du Hâvre à Paris, quoique deux fois plus coûteuse que la voie fluviale.

La navigation est non moins embarrassée par les hauts-fonds de Rouen à Paris que de Quillebœuf à Villequier, mais ces bancs sont invariables;

on sait quand on peut les franchir et l'on n'a plus que des retards à éprouver. En été, il reste trop peu d'eau dans la rivière pour que les barques de 3 à 4oo tonneaux qui naviguent à pleine charge en hiver prennent un chargement complet : elles ne portent alors que 100 à 15o tonneaux et les frais de halage ne diminuent pas en proportion de la réduction du chargement. Il en résulte pour les entrepreneurs de ces transports des pertes que compense à peine le bénéfice qu'ils obtiennent durant les eaux moyennes de la rivière.

La navigation de la Seine, retardée pendant l'été par les hauts-fonds, interrompue l'hiver par les forts courans, cause un préjudice notable au commerce en grevant de frais et d'intérêts considérables des spéculations qu'il faudrait réaliser promptement. Ce surcroît de charges qui pèse sur la marchandise n'est encore qu'un faible inconvénient en comparaison du retard de son arrivée, car en fait de commerce le temps est tout.

Ces entraves sont connues de l'administration; elle est disposée à les faire disparaître. Plusieurs projets ont été étudiés pour changer cet état de la navigation. Mais il faut d'abord bien établir les besoins du commerce afin de savoir jusqu'où doit aller l'amélioration.

Le port du Hâvre, menacé d'un prochain encombrement de galets, est le point qui, dans l'état actuel des choses, semble devoir appeler spécialement l'attention; car son entrée pouvant être fermée aux gros navires, on ne saurait créer instantanément un nouveau port, à l'embouchure de la Seine, pour le remplacer. Déjà les navires de 3oo tonneaux n'y pénètrent pas à toutes les marées; ceux de 5 à 6oo n'y peuvent entrer que pendant la pleine mer de vive eau; ils sont par conséquent forcés à faire station dans une rade dangereuse, pour attendre que le mouillage de l'entrée du port soit suffisant, et si les vents sont contraires, la station se prolonge quelquefois pendant plus de quinze jours. Alors les coups de vent de la mauvaise saison jettent les navires à l'ancre sur la grève où ils viennent se briser.

Un port de commerce ne peut acquérir toute l'importance que détermine sa position, comme celui du Hàvre à l'embouchure de la Seine, que lorsqu'il est précédé d'une rade, formant avant-port, dont l'entrée est accessible quelle que soit l'aire de vent. La formation des compagnies d'assurances pour les avaries sur mer a rendu les marins plus confians dans leurs manœuvres, et leur a permis d'exposer davantage leurs navires; mais si l'habileté diminue les pertes, elle ne peut les prévenir toutes, et ce qui est soldé par les assureurs, en compensation des avaries, n'en est pas moins perdu pour la société qui paie plus cher les marchandises assurées.

Dans toute l'étendue de notre littoral de la Manche, il n'existe qu'une seule rade, celle de Cherbourg, encore n'est-elle pas achevée; et nos côtes sont partout très-dangereuses à cause de leur prolongement à de grandes distances sous la mer, où elles forment un grand nombre d'écueils.

Les rades sont particulièrement nécessaires à la navigation des bâtimens de plus de 5oo tonneaux. Ces navires richement chargés ont à craindre des chances plus défavorables que de petits bâtimens qui se dérobent aux tempêtes, en se réfugiant dans des criques où ne peuvent aborder les navires à grand tirant-d'eau. Ainsi, l'établissement d'une rade à l'embouchure de la Seine est une condition du perfectionnement de la navigation de cette rivière.

Ce que nous avons dit sur les dangers de la navigation de la Seine inférieure prouve suffisamment que le perfectionnement de cette voie est une question du plus haut intérêt et de première nécessité.

L'amélioration de la Seine supérieure jusqu'à Paris, quoique fort utile, n'est pas aussi nécessaire que les travaux à entreprendre de Villequier à Quillebœuf et à l'embouchure de la rivière. Mais s'il est possible de porter remède à tous les inconvéniens et de satisfaire tous les besoins par la construction d'ouvrages qui rendraient la Seine navigable de la mer à Paris pour des bâtimens jaugeant de mille à douze cents tonneaux, et si ce résultat, qui doit procurer au commerce une économie de plus de 1o millions par an, peut s'obtenir sans imposer à la navigation d'autre charge qu'un tarif équivalent à peu près aux frais de transport des marchandises dans l'état actuel des choses, on concevra facilement que les plus grands avantages pour le pays se rattachent à la réussite de cette entreprise.

CONSIDÉRATIONS GÉNÉRALES SUR LES AVANTAGES D'UNE NAVIGATION A GRAND TIRANT D'EAU DE LA MER A PARIS.

Nous avons démontré la nécessité du perfectionnement de la navigation de Paris à la mer par l'exposé rapide de ses inconvéniens, telle qu'elle existe aujourd'hui. Ces considérations seraient seules assez puissantes pour décider en principe cette amélioration, que réclament l'intérêt public et de nombreux intérêts privés. Mais elles reçoivent une nouvelle force de tous les avantages qui ressortent de l'établissement d'une grande navigation entre Paris et la mer. C'est une question du présent et de l'avenir, et pour bien l'apprécier, il faut l'envisager dans tous ses développemens.

Nul doute que l'armement, en France, et le commerce maritime ne soient restés en arrière du progrès général de l'industrie. Pourquoi cet élément essentiel de notre prospérité nationale ne vient-il contribuer que pour une si faible part à l'accroissement de notre richesse?

C'est surtout par l'expédition et le transport de nos produits que nous ne pouvons soutenir la concurrence de nos rivaux; si nous restons dans la voie où nous sommes engagés, nous devons nous attendre à n'avoir plus de navigation que par la prohibition, et en fermant l'entrée de nos ports aux navires étrangers.

Cet état de choses ne tient pas au désavantage

de notre position, mais plutôt à des habitudes prises dont nous ne savons nous affranchir. Long-temps interrompu par les guerres de la révolution et le blocus continental, le commerce maritime n'a tenu aucun compte de ce qui s'était passé dans cet intervalle. Quand tout avait changé autour de lui, il a cru qu'il retrouverait les vieilles relations, les anciennes préférences; il a recommencé ses armemens sur les mêmes bases, avec les mêmes moyens, dans les mêmes directions. Les résultats de cette erreur sont tels que le succès d'un armement paraît aujourd'hui tenir plutôt du hasard que d'une combinaison adroite des vrais principes du commerce maritime.

Attribuer cet état de choses à l'incertitude de nos relations diplomatiques avec de nouveaux états, c'est ne voir qu'un côté de la question. Peut-être y a t-il eu lésion de nos intérèts commerciaux, dans ces scrupules de notre politique, mais ce n'était pas la cause unique du mal; et ce qui le prouve, c'est que la reconnaissance d'Haïti, si vivement sollicitée, n'a produit qu'une amélioration presqu'insensible.

Il fallait régénérer notre commerce maritime, il fallait lui imprimer une direction nouvelle; et lorsque notre industrie tout entière était entraînée, bon gré malgré, dans la voie du perfectionnement, il ne fallait pas renfermer notre navigation dans le cercle étroit de nos vieilles habitudes.

La mobilité de nos goûts et de nos idées nous fait arriver plus tard que d'autres peuples à un changement réel, parce que toute innovation

utile exige un examen approfondi et une persé-
vérance active qui nous fatiguent.

Combien de temps ne nous a-t-il pas fallu pour
admettre une vérité incontestable dès qu'elle est
comprise, pour découvrir ce secret si simple dès
qu'il est connu, ce moyen naturel de vaincre
les plus grandes difficultés, l'esprit d'association?
Serions-nous arrivés à le comprendre en France,
sans l'influence d'une capitale qui par ses richesses
et ses lumières est devenue une grande école
industrielle? Eh bien, nous demandons que cette
puissance sans bornes quand elle est habilement
dirigée, qui a créé le crédit public, soutenu le
crédit privé, entrepris nos grands travaux, vienne régénérer notre commerce maritime : nous
désirons amener notre grande navigation sur un
point où se décident toutes les questions de prospérité du pays. Alors elle suivra la marche du
perfectionnement général des sciences appliquées
aux arts. On ne procédera plus par tradition, mais
par exploration. On entrera dans la voie d'un grand
nombre d'améliorations que l'on ne conçoit pas
aujourd'hui, surtout parce qu'on ne pourrait les
exécuter. Ainsi, l'on reconnaîtra que le désavantage de notre navigation est dans le trop petit
nombre de nos grands navires.

Un petit bâtiment est conduit par un capitaine
capable d'en gouverner un grand; le nombre des
hommes d'équipage ne croît pas proportionnelle-
ment à la capacité des navires; il en est de même de
la valeur première et de l'entretien : en un mot les

frais généraux sont à répartir sur une plus grande somme de marchandises, dans l'hypothèse d'un plus grand tonnage; aussi nos armateurs doivent-ils exiger un fret considérable pour obtenir par de petits navires un faible bénéfice, et nos négocians instruits commencent à adopter un plus fort tonnage pour les nouveaux bâtimens qu'ils font construire.

C'est par des bâtimens de 800 à 1,000 tonneaux que doit s'opérer économiquement le transport des marchandises par mer, surtout dans les voyages de long cours, et lorsqu'il s'agit d'approvisionner une capitale. (1) La seule objection que l'on puisse élever contre ce principe, c'est la difficulté des chargemens en retour; mais lorsque les armemens seront bien dirigés par des associations puissantes, les expéditions seront combinées de manière à ce que les navires n'aillent pas chercher des retours à l'aventure. Les compagnies auront des comptoirs correspondans qui les prépareront d'avance. Il se formera nécessairement entre les contrées éloignées des relations plus suivies, plus intimes. Les maisons de commerce, les fabricans

---

(1) L'augmentation du tonnage est encore plus avantageuse dans l'hypothèse des bâtimens à vapeur. La résistance que le fluide oppose à leur mouvement croît à peu près comme le carré d'une dimension, et leur volume comme le cube de cette même dimension. En outre, le poids de la machine n'augmente pas en raison de sa puissance, et son approvisionnement en combustible ne suit pas la progression des nombres qui expriment la capacité du navire.

du continent expédient de tous côtés des commis
voyageurs pour faire connaître le prix et la qualité
de leurs marchandises : dès que le commerce maritime aura pris de l'extension, des commis voyageurs s'embarqueront pour le même objet ; on les
intéressera dans les expéditions, et bientôt ils dé-
couvriront à nos produits de nouveaux débou-
chés ; ils formeront une nouvelle classe industrielle qui par son activité disputera aux Anglais
l'influence des marchés étrangers.

Ils rapporteront de leurs voyages le secret de
ces préférences pour tel ou tel produit, que l'on
attribue aujourd'hui à des considérations morales,
et qui tiennent à des motifs bien autrement réels.
Nos cargaisons ne ressembleront plus à des bazars
qui vont solliciter une consommation dont nous
ignorons les goûts et les besoins. Nous saurons
mieux la valeur des choses en divers pays, le prix
de toutes les marchandises en circulation, et de la
plupart des travaux ordinaires. Si cette connais-
sance s'acquiert difficilement dans un rayon res-
serré et pour des objets que nous avons sous les
yeux, comment deviner les besoins des peuples
étrangers, la valeur des objets à expédier pour les
satisfaire, aujourd'hui où si peu de renseignemens
sont recueillis et où ces données incomplètes
viennent se perdre dans nos ports ?

Nous avons des préjugés et des routines, mais
peu de bonnes habitudes en fait de commerce. Ce
qui nous manque surtout, c'est l'esprit de suite
dans nos entreprises. Nous ne regardons les affaires

que comme un moyen prompt d'arriver à la fortune et au repos, mais non comme une condition de toute la vie. Il faut donner une autre direction à notre éducation commerciale, si nous ne voulons rester toujours au-dessous de nos rivaux. Il nous faut entrer dans une voie plus large que celle de ces industries éphémères et bornées, auxquelles nous renonçons après quelques pertes ou quelques bénéfices ; il faut nous engager dans cette carrière sans limites du commerce maritime qui ne s'astreint ni au temps ni aux lieux, qui embrasse un long avenir et l'univers tout entier.

La puissance de l'opinion publique s'accroîtra par la création d'un nouvel intérêt commercial. Fortifiée de cet auxiliaire, elle dictera les traités de commerce, elle provoquera les mesures utiles, elle préviendra les actes funestes aux intérêts du pays. Ses réclamations promptes, instantanées, auront bien plus de poids que les doléances tardives des chambres de commerce de nos ports qui n'arrivent que lorsque le mal est fait et le tort irréparable. L'administration connaîtra mieux la prospérité du pays, quand elle pourra en apprécier tous les élémens, et elle sentira plus vite la nécessité d'apporter un remède aux crises qui viendront la troubler.

Mais, dira-t-on, vous voulez attirer à Paris une nouvelle source de richesse et de puissance : vous voulez favoriser encore cette centralisation qui n'augmente que trop aux dépens de nos provinces. La centralisation est un fait de position, c'est une chose jugée que l'on ne peut détruire, ni dans son principe, ni dans ses conséquences. A ne l'envisager que sous le rapport industriel, le pays lui doit l'exécution de ces canaux qui assurent la communication de nos provinces, une nouvelle exploration, une exploitation mieux entendue de nos mines, la création d'importantes usines. N'est - ce pas à Paris que ces projets ont été préparés, étudiés ? N'est-ce pas à Paris qu'ils ont trouvé des hommes éclairés pour les juger et les diriger, et des capitaux pour les exécuter ? Si ce sont là les torts de cette centralisation industrielle, nous désirons qu'on puisse aussi lui reprocher un jour d'avoir amélioré notre commerce maritime.

Que deviendrait d'ailleurs l'accusation, s'il était prouvé que les ports de mer ne peuvent souffrir de l'intervention de Paris dans une carrière qu'ils exploitent aujourd'hui avec si peu d'avantage ? Marseille, Bordeaux, Nantes et tous les ports qui, comme eux, servent à alimenter les divers bassins de la France et à verser leurs produits à la consommation extérieure , ne perdront pas cette partie essentielle de leur commerce qui tient avant tout à leur position. S'il s'établit quelque rivalité, elle tournera à l'avantage général. Si des habitudes plus éclairées, si de meilleures méthodes, si des relations plus avantageuses résultent de la participation de Paris au commerce maritime, l'exemple, la crainte de la concurrence entraîneront les autres villes dans la même direction.

Parmi les avantages immédiats et incontestables

de l'établissement d'une grande navigation entre Paris et la mer, il faut placer en première ligne l'entrepôt et le transit considérables qui en seront la suite. Le Gouvernement paraît d'ailleurs vouloir subordonner la question de l'entrepôt à celle de la grande navigation.

Un vaste entrepôt élevé autour de docks spacieux creusés aux abords de Paris, et en communication avec la Seine, un canal ou un chemin de fer de Paris à Strasbourg pour transporter rapidement les denrées coloniales en Suisse et en Allemagne, nous assureront des relations commerciales qu'aucune puissance maritime ne pourra nous disputer.

A cette masse imposante d'intérêts privés qui réclament l'exécution du projet de cette grande navigation, viennent se joindre des considérations d'une haute importance pour l'État.

Si Paris, par le seul fait du rapprochement de la navigation, de l'entrée dans ses bassins des navires de grand tonnage, vient apporter ses capitaux au commerce d'armement qui n'a pu les obtenir jusqu'à ce jour, c'est surtout parce que les capitalistes pourront examiner par eux-mêmes les expéditions dans lesquelles ils s'engageront, les surveiller et les diriger à leur gré. Mais cette surveillance, cette attention de tous les instants, qui seule peut nous familiariser avec une industrie nouvelle, est encore plus indispensable au succès des travaux et des entreprises militaires exécutés par le Gouvernement. C'est alors surtout qu'il importe que les ordres soient bien donnés, bien compris et bien exécutés. Rien n'est plus aisé en marine que de trouver des justifications pour toute espèce de faute ; c'est surtout pour l'armée navale que l'action immédiate du Gouvernement est de première nécessité.

Dans les plus beaux jours de sa gloire militaire, la France a lutté vainement contre la puissance maritime de l'Angleterre; mais si nos bâtimens de guerre eussent été stationnés à quelques lieues de Paris, on eût été à même de veiller à l'ordre et à l'instruction des équipages, d'encourager les marins et les officiers comme ceux de l'armée de terre.

Le plus grand arsenal maritime de l'Angleterre est à quelques lieues de Londres. C'est là, sous les yeux du ministère et de l'amirauté, que s'exécute presque tout le matériel de la guerre.

Un arsenal pareil établi à quelques lieues de Paris, le cours entier de la Seine rendu navigable depuis le Hâvre jusqu'à Rouen pour les vaisseaux de premier rang, le reste de la rivière de Rouen à Paris recevant des frégates armées, toutes ces créations qui peuvent, qui doivent dériver de l'exécution du projet complet dont il s'agit, ne doivent-elles pas faire concevoir la possibilité d'obtenir une marine qui rivalise avec celle de l'Angleterre?

Ces espérances de grands perfectionnemens dans notre armée navale se présentent à une époque où commence un changement extraordinaire dans nos machines de guerre.

Les vaisseaux à voiles ne se gouvernent bien que

par l'habileté des marins et l'ensemble parfait des mouvemens d'une masse d'individus. Les machines à vapeur remplacent cet accord des forces humaines, elles développent une puissance que celles-ci ne pourront jamais égaler, et cette force est d'ailleurs assez économique pour être substituée avantageusement à celle du vent, qui ne coûte rien en apparence, mais qui en définitive est fort dispendieuse.

Le perfectionnement de ces machines motrices pourra s'obtenir dans des ateliers éloignés de Paris, mais la grande fabrication restera long-temps dans cette ville, parce que les ouvriers s'y forment vite ; l'enseignement mutuel résulte pour eux du changement d'atelier ; une pratique nouvelle se transmet ainsi avec promptitude, et le prix de la main d'œuvre diminue par l'effet des bonnes méthodes. De sorte que les ouvriers de Paris, payés le double de ceux des fabriques dans les départemens, produisent encore à meilleur marché que ces derniers : il faut ajouter à cet avantage celui de la division du travail qui n'existe que dans les grandes villes manufacturières.

Il convient donc de rapprocher les arsenaux maritimes autant que possible de Paris, pour avoir des ouvriers qui suivent le progrès des arts (1).

______

(1) D'anciens réglemens ont fixé à 1 fr. 60 c. le prix du salaire du plus habile ouvrier travaillant dans nos ports, et ils y sont rigoureusement observés. Ainsi le tourneur ou ajusteur en métaux, que partout ailleurs on paie 4, 5 et 6 francs,

D'ailleurs, l'établissement d'un nouvel arsenal maritime, où les élèves ingénieurs des constructions navales, les élèves de la marine, les élèves de la maistrance suivront un cours pratique des machines à vapeur et de leur application à la marine, est impérieusement réclamé par le perfectionnement des machines de guerre.

En ne comptant pour rien les résultats que nous venons d'indiquer, on a long-temps pensé que l'établissement d'un chemin de fer présentait de plus grands avantages sous le rapport de l'économie du temps et des frais de transport, que la navigation en canal latéral ou en rivière ; mais il est aujourd'hui

---

quand il travaille à la journée, ne reçoit que 1 fr. 60 au compte de la marine. On pense bien qu'un artisan libre de se déplacer ne se contente de ce prix que parce qu'il ne gagnerait pas plus ailleurs, c'est-à-dire qu'effectivement il ne produit que pour 1 f. 60 d'effet utile. Les ingénieurs chargés de diriger les ateliers s'en plaignent fréquemment ; mais l'administration persiste dans l'observation de ses réglemens. Elle croit encore à la possibilité de traiter les ouvriers non classés comme les marins et les soldats. Avec un pareil système on ne fait aucun progrès, et l'on n'en dépense pas moins d'argent pour obtenir de médiocres résultats. Ces réglemens proscrivent de fait l'emploi des machines à vapeur ; car un chauffeur, qui coûte partout 3 francs par jour, et qui n'est qu'un manœuvre, ne restera pas long-temps dans les ports où il ne recevra que 1 fr. 25, et les mécaniciens chargés de la surveillance des machines à vapeur, que l'on paie partout 5 à 6 fr., se contenteront-ils jamais de 1 fr. 60 ? L'industrie obtient de grands profits en rétribuant chèrement, et il n'y a pas de raison pour que l'administration de la marine n'y trouve pas le même avantage.

démontré qu'en ayant égard à la masse des transports que nous évaluons à 400,000 tonneaux, de Paris à la mer, la voie en fer ne pourrait pas soutenir la concurrence avec la voie fluviale (1).

Démontrer par cet exposé rapide la nécessité et les avantages de l'établissement d'une grande navigation entre Paris et la mer, ce n'est encore que présenter un côté de la question. Il s'agit maintenant de prouver que cette grande entreprise est d'une exécution non-seulement possible, mais facile, que ses dépenses sont dans une proportion telle avec ses produits, que les capitaux qui viendront y concourir seront convenablement rétribués, et que la société qui se présentera pour exécuter ces travaux offre les plus sûres garanties.

Nous n'avons pas perdu de vue ces principes dans le cours du travail auquel nous nous sommes livrés.

Nous avons examiné avec la plus scrupuleuse attention tous les projets conçus jusqu'à ce jour pour arriver au résultat que nous nous proposons; nous croyons les avoir appréciés à leur juste valeur, et notre jugement s'accorde du reste avec ceux que l'opinion publique en a portés.

L'examen de ces projets nous a naturellement ramenés à la conception du nôtre. Ce n'est pas

---

(1) Voyez à la fin du mémoire le parallèle entre les prix de transport résultant, 1° de l'établissement d'un chemin en fer ; 2° de la grande navigation du Hâvre à Paris.

une invention, c'est le résultat de longues observations, c'est l'application de principes démontrés par leurs effets. Nos raisonnemens ce sont des exemples, nos preuves ce sont des faits ; la marche que nous suivons est conforme au développement des idées. Notre système est une espèce d'enseignement mutuel qui ne procède que par analogie et dont la démonstration est dans ses résultats progressifs. Dès nos premiers travaux nous obtenons des produits qui deviennent un gage certain, une hypothèque pour l'achèvement de l'entreprise.

Lorsqu'il s'agit d'une question d'utilité publique telle que la grande navigation de Paris à la mer, dont l'exécution doit être confiée à une compagnie particulière, il est de l'intérêt de la société tout entière d'acquérir la conviction que le projet présenté à l'approbation du gouvernement a été reconnu le plus avantageux, que nul autre ne peut être exécuté avec des chances égales de succès, enfin que rien n'a été négligé pour que le public obtienne aux moindres frais possibles tout ce qu'il est en droit d'attendre du progrès des arts et de l'état actuel de nos connaissances.

La concession d'une entreprise de cette importance ne peut donc devenir un privilége. Il serait funeste à tous, même à ceux qui l'obtiendraient ; ils apprendraient bientôt par la défaveur publique, par l'impossibilité de se procurer des fonds pour l'exécution de leur projet, que la première condition de l'esprit d'association qui crée les grandes choses, c'est une concurrence équitable.

Cette concurrence, nous la réclamons comme un droit commun. Nous demandons qu'elle soit établie dans toute la latitude du principe, pour la conception et l'exécution du projet.

Si la concurrence des compagnies est indispensable pour assurer la conservation des droits du public, le concours des projets d'art n'est pas moins nécessaire dans une affaire à laquelle se rattachent les questions les plus difficiles de l'art de l'ingénieur. Pour parvenir à les résoudre, il faut être instruit de toutes les observations faites sur le régime des fleuves et des rivières navigables, sur les effets des courans dans ces rivières et des ouvrages propres à en changer la direction, sur l'action des vagues à la mer, des courans de flot et de jusant à l'embouchure des rivières; en un mot, il est essentiel de posséder toutes les connaissances théoriques et pratiques qui peuvent garantir le succès des travaux hydrauliques.

L'ingénieur qui a réussi à exécuter un ouvrage particulier solide, durable et remplissant toutes les conditions d'utilité et d'économie, est regardé avec justice comme un ingénieur habile. Mais cependant il devrait se récuser, s'il fallait concevoir, projeter et diriger sous sa responsabilité exclusive tous les travaux dépendans de la navigation de Paris à la mer. Fût-il supérieur à tous les ingénieurs qui l'ont précédé, il serait impossible que seul il ne commît pas des fautes graves. Il oublierait quelques données dans la solution de tant de problèmes. Tous ces ouvrages sont un assemblage de pièces solidaires formant une grande machine motrice. Or, si l'une d'elles n'est pas en harmonie avec tout le système, la machine ne peut avoir que des mouvemens interrompus et n'obtient qu'une fraction de son effet utile. Mais si des ingénieurs, connus par des travaux économiquement dirigés et utilement achevés, consacraient à l'exécution d'un projet, dont la conception et la direction seraient devenues pour eux une propriété commune, leur expérience et leurs talens, et ne demandaient en échange de ce capital industriel, que des honoraires peu considérables, comme prix de leurs travaux journaliers, et une part seulement dans les *bénéfices acquis*, cette réunion ne présenterait-elle pas toutes les garanties de succès?

Cette responsabilité morale a bien quelque valeur, quand elle est apportée par des hommes qui ont fait leurs preuves ; et, certes, on ne saurait supposer qu'ils viendront de gaîté de cœur sacrifier leur avenir et perdre leur temps pour détruire leur propre fortune en nuisant à la chose publique.

Cette réunion, nous l'avons formée. Des ingénieurs recommandés par leurs travaux ont reçu communication de nos projets. Ils en ont approuvé les principes, dans l'ensemble et dans les détails. Ils ont pris avec nous l'engagement d'une coopération franche, positive, sous la condition commune à tous, qu'il n'y aura de bénéfice pour eux que lorsqu'il sera prouvé qu'ils ont rempli toutes leurs obligations envers la société, en réalisant pour elle les résultats annoncés, et que la part afférante aux capitaux est garantie par des produits incontestables.

Nous insistons sur cette condition, parce que nous croyons utile d'y ramener tous les esprits et d'en faire une espèce de loi industrielle.

L'esprit d'association est menacé en France par l'abus qu'on en a fait dans ces dernières années. Il faut le dire, une avidité funeste a prévalu dans l'organisation de la plupart des compagnies. Les industriels ont levé une espèce d'emprunt forcé sur les capitalistes. En réalisant par avance à leur profit des bénéfices éventuels, ils en ont en quelque sorte tari la source. Il faut renoncer au système des actions gratuites. Les idées n'ont de valeur que par ce qu'elles ont produit et autant qu'elles ont produit. On nous accusera, peut-être, de professer une doctrine étroite, mais on avouera du moins que ce qui s'est passé jusqu'à ce jour, que l'état actuel de notre industrie la justifie complètement. Si la plupart des compagnies venaient révéler au public tous les secrets de leur organisation, l'on ne serait plus étonné que les intérêts, que les dividendes ne soient pas payés et que le capital soit anéanti. Le découragement et la répugnance des capitalistes ne sont pas exagérés; placés entre des actions gratuites et des gestions ruineuses, comment leur confiance pouvait-elle résister à tant de promesses déçues et d'intérêts sacrifiés ? C'est surtout dans cet usage funeste de l'esprit d'association qu'il faut chercher la cause de la crise qui pèse sur notre industrie. Nous nous estimerons heureux, si l'association, pour laquelle nous réclamons aujourd'hui le concours de tous les hommes qui veulent réellement la prospérité du pays et le développement de notre industrie, peut contribuer à rétablir les vrais principes.

CHAPITRE PREMIER.

DES DIVERS PROJETS POUR PERFECTIONNER LA NAVI-
GATION DE PARIS A LA MER.

Le besoin d'améliorer la navigation de Paris à la mer s'est fait sentir dès la fin du dix-septième siècle.

Vauban conçut le premier l'idée de satisfaire à ce besoin; mais l'état malheureux des finances en fit ajourner l'exécution.

Vers la fin de 1760, M. Passement, ingénieur, présenta à Louis XV un projet de navigation de Paris au Hàvre : ce projet consistait à creuser les hauts fonds de la Seine, pour obtenir un tirant d'eau de deux mètres durant l'été. La dépense totale était estimée seulement à fr. 2,800,000. M. Perronet jugea qu'un pareil projet serait sans utilité pour la ville de Paris, et que l'exécution en était impossible.

En 1785, M. Lamblardie, habile, modeste et savant ingénieur, proposa une amélioration très-importante pour la navigation maritime de la Seine inférieure ; il conçut le projet d'établir sur la rive droite un canal formant biez de partage depuis Villequier jusqu'au Hâvre, pour éviter les bancs changeans qui entravent la navigation.

En 1792, M. Cachin, pour diminuer la dépense de ce canal, proposa de l'exécuter sur la rive gauche et de le faire déboucher à Honfleur. Cet ingénieur, dont le nom est attaché aux ouvrages du port et de la rade de Cherbourg, et qui a eu la gloire de finir une partie de ces immenses travaux, avait regardé Honfleur comme un lieu de passage où les navires ne devaient pas séjourner, lorsqu'ils étaient destinés pour Rouen. Il jugeait aussi que les établissemens du Hâvre, très-utiles pour la navigation actuelle, n'étaient pas nécessaires dans le cas où les bâtimens de mer du plus fort tonnage remonteraient à Rouen.

En 1823, M. Bérigny, inspecteur divisionnaire des ponts et chaussées, fut chargé par M. Becquey, directeur général des ponts et chaussées et des mines, de l'étude d'un projet de perfectionnement de la navigation de la Seine de Paris à la mer. Tous les ingénieurs des départemens limitrophes de la Seine concoururent à ce travail qui doit offrir des documens précieux (1).

______

(1) Il est à regretter surtout que l'on n'ait pas publié les observations sur le mouvement des marées dans les divers ports de la Seine, et la pente de la superficie aux différentes époques de ce mouvement. Ces travaux semblent appartenir à la science et à la société, puisqu'ils ont été ordonnés dans leur intérêt.

Ainsi que M. Bérigny le rapporte dans son Mémoire sur la navigation du Hâvre à Paris, il avait borné l'étude de son projet à un perfectionnement; mais ayant appris, à la fin de novembre 1824, le désir que le Roi avait exprimé de voir Paris devenir un port maritime, M. Bérigny, qui possédait les renseignemens pour la rédaction d'un projet de navigation à grand tirant d'eau, n'hésita pas à l'entreprendre, et le termina dans le mois de mars 1825. A cette époque, une ordonnance royale avait concédé à une compagnie le droit de faire l'étude d'un canal de grande navigation de Paris à la mer.

Ce canal latéral ne peut affecter une seule rive, à cause des hautes falaises qu'il rencontrerait. Il faut donc qu'il traverse la Seine chaque fois que la déclivité du coteau vient fermer le passage. Cette condition oblige à descendre le plafond du canal; de telle sorte qu'il rencontrerait le banc de calcaire dur, si l'on voulait y établir plus de cinq mètres de mouillage.

DE LA PERMÉABILITÉ DU TERRAIN DANS LE CAS D'UN CANAL LATÉRAL A LA SEINE; DES MOYENS A EMPLOYER POUR Y REMÉDIER ET DE LEUR INSUFFISANCE.

L'objet principal d'un canal latéral est de fournir à la navigation une eau presque stagnante et un niveau constant : creuser à grands frais des biez dans lesquels l'eau coulerait avec une vitesse au moins égale à celle des courans dans une rivière, serait donc un véritable contre-sens.

Le sol calcaire ou graveleux, dans lequel il faudra creuser le canal latéral à la Seine, est extrêmement perméable. En effet, les hautes falaises qui bordent son cours ne contiennent pas une source. En y creusant une rigole, l'eau que l'on y introduit s'infiltre immédiatement; cette propriété est si bien connue des ingénieurs, que tous proposent de faire usage de corrois pour prévenir les infiltrations, et ils ont tellement apprécié l'effet inévitable de ces infiltrations, que pour creuser le canal dont le plafond doit être en contre-bas de l'étiage de la Seine, ils reconnaissent la nécessité d'employer les machines à draguer.

Dans son Mémoire sur la navigation maritime du Hàvre à Paris, M. Bérigny s'exprime ainsi : « Les « obstacles que l'on éprouve pour étancher les « canaux ordinaires dans lesquels il n'y a pas « deux mètres de hauteur d'eau, doivent faire « craindre des infiltrations bien autrement grandes, « lorsqu'il s'agit d'une profondeur de six mètres, etc. « D'ailleurs les terres à traverser sont en général « calcaires ou graveleuses, et d'une perméabilité « extrème; en sorte que la conservation des eaux, « dans un canal à grande profondeur, développant « les coteaux de la Seine, serait à elle seule un des « problèmes les plus difficiles à résoudre, et la « dépense qu'il faudrait faire en revêtemens serait « énorme. » (Page 26.)

Les observations contenues dans ce passage ne

s'appliquent, il est vrai, qu'au cas où l'eau serait exhaussée de 6 mètres par rapport au niveau de la rivière ; et dans le système de canaux partiels ouverts alternativement sur les deux rives, l'eau ne doit être maintenue qu'à 3 mètres environ au-dessus de ce niveau. Or, dira-t-on, il y a une fort grande différence, pour la difficulté, de conserver un liquide à 6 mètres de hauteur ou bien à 3 ; mais quelle est cette grande différence ? Le chiffre qui l'exprime n'est pas long à trouver.

La vitesse de l'eau, due à une chute de 6 mètres, est de 10 ^{m}, 95 ^{c} ; celle qui est due à une chute de 3 mètres, est de 7 ^{m}, 72 ^{c} ; et le rapport de ces vitesses est à peu près comme 3 est à 2. En supposant que les frottemens de la part des obstacles opposés aux infiltrations soient proportionnels à ces vitesses, les quantités d'eau écoulées, par infiltration, dans le même temps et le même emplacement, sous des pressions de 6 mètres et de 3 mètres, seront aussi comme les nombres 3 et 2. Il faudrait donc, pour retenir l'eau, dans le second cas comme dans le premier, des revêtemens fort onéreux ; mais comment parviendrait-on à les exécuter ? Une difficulté qui semble insurmontable c'est de creuser, sous l'eau, la roche de calcaire dur, (que le plafond du canal latéral à la Seine rencontre en quelques endroits et qui empêche d'obtenir un mouillage de 6 mètres) de l'épaisseur d'un mètre environ à donner au revêtement. Et si l'on remarque que la maçonnerie en béton à y employer coûterait plus de 800 francs par mètre courant de canal, on jugera qu'il y faudrait renoncer par la raison de l'excessive dépense.

Construits en terre argileuse, les corrois n'ont pas de durée ; la terre se délite et coule des talus vers le plafond du canal, et l'établissement des corrois sous l'eau, à 2 et 3 mètres en contre-bas de l'étiage, est un travail impraticable.

Il semble par conséquent inutile de chercher à s'opposer aux infiltrations, et l'on n'échappe à cette objection qu'en admettant qu'elles ne seront pas assez considérables pour gêner la navigation et nuire à la conservation du canal.

Ce dernier argument trancherait la difficulté, s'il n'était pas facile de lui opposer des preuves et des raisonnemens péremptoires.

La rivière de l'Ourcq, jaugée au moins à 1 mètre par seconde, s'est infiltrée tout entière sur 6 kilomètres de canal à très-petite section ; pour un périmètre trois fois plus grand, le cube d'eau infiltré eût été de 3 mètres, et si la pression de l'eau était de 3 mètres au lieu de 0 ^{m}, 65 ^{c} de hauteur réduite dans ce canal, le rapport des vitesses étant au moins de 2 à 1, l'écoulement doublerait et s'élèverait à 6 mètres cubes par seconde, et par 6 kilomètres. Il est très-probable que la perte réelle serait de plus d'un mètre sur 1 kilomètre par les infiltrations du canal de grande navigation creusé dans un terrain extrêmement perméable, à côté de la Seine dont le niveau serait de 2 à 3 mètres en contre-bas de celui de ce canal ; car ce cube ne ferait qu'un litre à la seconde par 35 mètres superficiels, ou 1/35 de litre, par mètre carré de terrain graveleux et calcaire, chargé de 2 à 3 mètres d'eau, ou bien enfin 2 litres par minute, par chaque mètre carré, ce qui correspond à un orifice de 3 millimètres de côté.

La comparaison tirée de l'exemple du canal de l'Ourcq ne fournit donc pas un résultat exagéré, et jusqu'à ce que l'on cite des calculs également fondés pour prouver qu'il est inexact, il peut servir de base aux conséquences que l'on doit en déduire relativement à un canal latéral à la Seine.

Il y aura plus d'une dérivation, appartenant à ce canal, dont l'alimentation aura lieu par une seule prise dans la Seine, pour 5o kilomètres de longueur; elle sera divisée en plusieurs parties par des écluses maritimes, et l'eau coulera dans chaque branche, par l'effet des infiltrations, avec d'autant moins de vitesse que l'on s'éloignera davantage de la prise d'eau.

La dépense d'eau, par les infiltrations, étant supposée de 5o mètres cubes pour les 5o kilomètres, le courant sera relatif à un débit mesuré, en mètres cubes, par la distance en kilomètres d'un point quelconque à la fin de la dérivation : c'est-à-dire qu'au point situé à 3o kilomètres de l'embouchure, en aval, il passera 3o mètres cubes d'eau par seconde, qui s'écouleront à la rivière en s'infiltrant au travers du terrain par toutes les fissures de la cunette et des talus du canal latéral. Il en résulterait alors un courant de o ^{m}, oo à o ^{m}, 5o environ de vitesse par seconde dans la déri...

tion ; par conséquent une vitesse réduite plus grande que celle qui aurait lieu en rivière durant l'étiage, puisque cette vitesse est moyennement de 20 centimètres.

Cet inconvénient n'est pas le seul résultant de l'effet des infiltrations.

Une condition qu'il est indispensable d'observer dans le projet du canal latéral, c'est que le niveau de l'eau y soit partout à o ", 80, au moins en contre-bas du sol. En effet, si ce niveau était plus élevé, la perméabilité des terrains mettrait l'eau de niveau dans le canal et dans *toute la vallée*, de chaque côté du canal, ce qui transformerait en marais les riches terrains qui le bordent. Cette sujétion ne serait pas une difficulté s'il était possible d'abaisser à volonté le plafond du canal, et encore dans ce cas faudrait-il racheter la pente par un grand nombre d'écluses. L'inclinaison connue du banc de calcaire dur prouve que cet abaissement n'est pas praticable.

Tant que le niveau du canal sera supérieur à celui de la rivière, les infiltrations auront lieu des biez vers la Seine ; mais comme elle se gonfle, durant ses crues, de 6 à 7 mètres en contre-haut de son étiage, c'est-à-dire de 3 à 4 mètres *au-dessus du niveau du canal dans toute son étendue*, alors l'eau *réagira* vers les biez des dérivations, à moins que par les vannes des portes de garde on n'exhausse le niveau de l'eau au fur et à mesure qu'il s'élèvera dans la Seine.

Pendant ses crues, elle coule sous une pente de

o,^m 10 à o^m 11 par kilomètre; le plafond du canal ni son plan d'eau qui lui est parallèle ne peuvent suivre cette inclinaison, parce qu'alors il faudrait qu'il y eût dans ce canal des courans pareils à ceux de la Seine. Il est donc évident que l'eau, coulant par les vannes de la prise d'amont, tendrait à former dans chaque biez un plan de niveau avec celui de cette prise dans la rivière, lequel est plus élevé de 1^m 50 à 1^m 80, que le niveau de cette rivière, à 15 ou 20 kilomètres en aval; par conséquent il y aurait lieu de craindre, en ouvrant ces vannes, que les digues du canal ne fussent submergées dans la partie inférieure de chaque biez, et que la plaine ne fût inondée sur une hauteur et une étendue beaucoup plus grandes que dans l'état actuel des choses. Si l'une des digues venait à se rompre, le canal servirait d'auxiliaire à la rivière pour l'écoulement des eaux d'inondation, et son profil serait fort altéré après la crue. Alors la navigation serait long-temps interrompue, à cause des réparations, et les dommages occasionés aux propriétés riveraines s'élèveraient à des sommes considérables.

Lors même que les digues du canal seraient assez fortes et assez élevées pour refuser passage à l'eau, tous les terrains de la vallée, au-delà du canal par rapport à la rivière, n'en seraient pas moins inondés par l'effet des infiltrations comme nous venons de l'établir : et alors, comment parvenir à les dessécher?

En ouvrant les vannes des portes de garde, durant les crues de la Seine, on vient de voir qu'i en résulterait des dangers pour la conservation du canal et des propriétés riveraines ; en les tenant fermées, les dangers sont moindres, mais les filtrations auraient toujours lieu de la rivière vers les biez, et au-delà dans la vallée (inondée aujourd'hui dans les grandes crues), qui serait convertie par l'effet du canal en *marais improductifs* sur de très-grandes superficies.

On doit conclure de ce qui précède que les corrois ou revêtemens en béton, excessivement dispendieux, ne résisteraient pas long-temps aux infiltrations *alternativement opposées*, agissant des biez vers la Seine pendant l'étiage, et de la rivière vers le canal durant les crues ; qu'en les supprimant le canal opposerait à la montée des navires une résistance presque égale à celle des courans dans la rivière ; qu'il y aurait dans certains biez une pente de superficie susceptible de réduire le mouillage de 5^m à 4^m 3o c. ; enfin que la navigation pourrait y être entravée par la rupture des digues du canal et les encombremens qui en résulteraient.

Il faut encore ajouter à ces accidens fâcheux les énormes dommages résultant des inondations de la vallée, et des eaux stagnantes qu'elles y laisseraient.

Le canal calédonien a été exécuté pour un tirant d'eau de 6^m, 1o, et il se trouve forcément réduit à 3^m, 66 par la perméabilité du sol ; il devait servir à la grande navigation, même aux frégates armées, et il ne peut être fréquenté que par des navires d'un moyen tonnage. La même cause ne produit ra-t-elle pas les mêmes effets dans le canal que l'on se propose d'ouvrir dans le terrain extrêmement perméable qui forme la vallée de la Seine ?

Espérons que cet exemple ne sera pas perdu pour l'intérêt de la France (1).

DE LA TRAVERSÉE DES NAVIRES DANS LA SEINE.

Le projet d'un canal latéral passant de l'une à l'autre rive oblige à six ou sept traversées de la rivière, lesquelles exigeront au moins une heure pour chaque navire (2), en faisant usage de la traille, et environ un quart d'heure dans le cas de la remorque par bateau à vapeur.

Deux navires ne pouvant traverser ensemble, et les manœuvres n'étant point praticables de nuit, il n'y aurait moyennement que douze passages de l'une à l'autre rive, avec la traille, par 24 heures ; ce moyen serait donc insuffisant, car il se présen-

---

(1) Les ingénieurs qui ont été attachés à la construction ou à l'entretien des canaux savent que les infiltrations forment la plus grande difficulté du succès de ce genre de travaux ; et il est à remarquer qu'il n'a pas encore été construit en France de canaux de dérivation *à grand tirant d'eau*, que par conséquent on en ignore tous les inconvéniens.

(2) Le temps nécessaire pour porter une quantité d'amarres suffisante, celui pour haler le bâtiment, en virant à l'entrée ou à la sortie des gares, sur l'une et sur l'autre rive, celui enfin de la traversée, dans un courant de $0^m,20$ à la seconde, ne sera sûrement pas estimé par un marin à moins d'une heure.

terait fréquemment plus de douze bâtimens par jour : par conséquent il faudra se servir de bateaux à vapeur pour opérer la traversée.

Mais alors sera-t-elle facile quand la rivière acquerra une vitesse d'un mètre par seconde, et qu'il faudra remorquer de gros navires par des vents contraires?

Un bâtiment de commerce jaugeant 5oo tonneaux, remorqué par un bateau dont la machine à vapeur serait de 4o chevaux, parcourt environ 1^m, 8o à la seconde, dans une eau stagnante ; en suivant une direction oblique au courant de la rivière il n'aura guère que 0^m, 6o de vitesse à la seconde ; sa dérive sera donc considérable lorsque la vitesse sera un peu forte et que le vent contrariera sa marche : qu'une amarre vienne à se rompre, ou que l'on manque à la bien arrêter, et le navire abandonné aux courans est exposé à se briser sur le barrage ou les pieux de défense, dans le cas où ils ne seraient pas suffisamment éloignés de la traversée, pour que l'on ait le temps de jeter l'ancre et de la laisser prendre (1).

---

(1) Les barques du canal du midi traversent la rivière de l'Hérault un peu au-dessus d'Agde, pour se rendre à l'étang de Cette. Lorsqu'elle coule avec une vitesse de 0^m, 8o à 1^m par seconde, la traversée devient impraticab'e, et cependant les barques peuvent remonter à plus d'une demi-lieue, pour que la dérive ne leur fasse pas manquer l'embouchure des Canalets.

Le passage des rivières sur le canal de Languedoc est un

En faisant usage des trailles pour traverser la rivière, on perdrait à peu près le bénéfice en temps que l'on obtient par une dépense de 15 millions pour les raccourcis de Paris à Rouen; et en se servant de bateaux à vapeur pour remorquer les bâtimens dans les six traversées, on augmenterait la dépense annuelle d'environ 400,000 francs.

La profondeur de la rivière à l'étiage, aux endroits où les traversées doivent s'effectuer, n'étant que de 3 mètres environ, le seul moyen d'y maintenir un mouillage suffisant pour le passage des gros navires, c'est d'exhausser de 2 à 3 mètres le niveau de la Seine par des barrages.

Barrer son cours en cinq ou six points pour former des chutes de 2 à 3 mètres, construire autant d'écluses pour la navigation actuelle en rivière, c'est-à-dire améliorer cette navigation sur presque toute son étendue, sont les travaux *accessoires* de la navigation maritime en canal latéral. Or, en exécutant six barrages et sept écluses à sas dans les endroits convenables, en faisant en outre quelques légers dragages sur les hauts fonds de la rivière, on aurait, par un surcroît de dépense d'environ 1/3 de celles que nécessitent les traversées, une navigation en lit de rivière dont le mouillage se-

---

des plus grands obstacles à la navigation : il occasione moyennement par an plus de 60 jours de chômage. Il est vrai que la Seine n'est pas aussi torrentielle que ces rivières ; mais elle a de longues crues, et tant qu'elles dureront, les traversées seront dangereuses.

rait d'au moins 4 mètres, et qui par conséquent suffirait aux bâtimens de mer du port de 250 tonneaux et aux barques de 3 à 400 tonneaux dans toutes les saisons.

Les personnes, même étrangères à l'art de l'ingénieur, se demanderont quels sont les puissans motifs qui déterminent à exécuter les deux tiers d'une voie fluviale pour en laisser l'effet incomplet et chercher la solution du problème dans l'exécution d'une seconde voie latérale à la première, et qui devrait en être tout-à-fait indépendante. Car lorsqu'il est question d'un canal latéral, chacun croit voir le système des canaux intérieurs alimentés par une rigole, et tracés totalement en dehors des rivières ; mais le canal maritime de Paris à Rouen n'est point de ce genre, c'est un projet mixte qui réunit tous les inconvéniens de la navigation en rivière, et ne possède aucun des avantages des canaux proprement dits (1).

------

(1) Jusqu'ici, presque tous les ingénieurs admettaient qu'une bonne navigation intérieure ne pouvait exister, si elle n'était pas indépendante des rivières ; c'était un résultat de l'expérience : on distinguait même en France deux opinions marquées entre les ingénieurs ; les uns partisans déclarés de la navigation latérale, les autres préférant en beaucoup de circonstances la canalisation des rivières.

La première étude de la navigation de la Seine, faite par 15 ingénieurs, avait donné pour résultat qu'il convenait, 1° d'abandonner l'espoir d'obtenir une navigation latérale ; 2° de perfectionner la navigation en lit de rivière. Le résultat de cette étude était sans doute conforme aux principes ; le système de

Le projet d'un canal latéral combiné avec celui de la navigation fluviale dépendant nécessairement des barrages en rivière, on conçoit toute l'importance de cette construction, la plus difficile de l'art de l'ingénieur.

Tous les barrages exécutés jusqu'à ce jour ont été faits pleins, sauf quelques pertuis ménagés surtout pour assécher les biez en été. Ce système a pour lui l'avantage de n'exiger aucune surveillance, mais il a l'inconvénient de produire un remous en amont, qui augmente la vitesse de superficie et la hauteur des crues, ce qui serait une cause de dommages considérables pour les propriétés riveraines de la Seine, qui déjà peuvent être inondées. Il n'offre pas, en outre, de garantie contre les attérissemens, et cette seule considération suffit pour faire rejeter ce système ; car il ne faut admettre rien de douteux, quand il s'agit d'obtenir des résultats permanens.

Multiplier les pertuis dans les barrages pleins, les construire ainsi que des ponts, dont le débouché serait fermé par des portes ou des poutrelles mobiles, voilà un moyen de prévenir les encombremens de la rivière et de ne pas augmenter la hauteur des crues ; mais la difficulté des manœuvres de ces portes et de ces poutrelles n'a pas en-

---

la navigation latérale n'ayant pas été jugé exécutable, on rentrait dans la nécessité de perfectionner l'état actuel de la navigation, et personne n'avait proposé de *mélanger les deux systèmes*.

core été résolue et c'est elle qui constitue le problème d'art le plus important pour la navigation entre Paris et Rouen (1).

La manœuvre des poutrelles occasione des lenteurs et des avaries. Pour qu'elles résistent à la pression d'une colonne d'eau de 3 mètres, il faut qu'elles n'excèdent pas 4^m à 4^m 5o de longueur, et alors la section de la rivière est fort diminuée par la largeur des piles et des poteaux tournans. Le rapprochement de ces obstacles gênerait le passage des glaces dans les débacles, et si l'on compte le nombre des poutres dites poutrelles (environ 6oo) qu'il faudra faire arriver du barrage sur les rives à chaque grande crue, on sera convaincu que le système des barrages à poutrelles est dans ce cas encore plus imparfait que celui des barrages pleins.

Après avoir énuméré les avantages et les inconvéniens qui se présentent dans l'établissement d'une navigation à grand tirant d'eau, en canal latéral de Paris à Rouen, il importe de faire valoir une nouvelle considération qui touche de trop près au droit de propriété pour la passer sous silence.

A supposer que l'état des propriétés riveraines ne soit pas affecté par les infiltrations et les inon-

____

(1) Les barrages déjà exécutés dans diverses rivières rendues navigables ont fait envisager la solution de ce problème sous divers points de vue ; un mémoire présenté récemment à l'Institut par M. Sartoris prouve que l'on s'occupe de cette question.

dations, le tracé d'un canal latéral, placé alternativement sur les deux rives de la Seine, laissant
entre sa ligne et la rivière des bandes de terre, des
villages dont les communications seront intercep-
tées et de grandes superficies, lorsqu'il y aura rac-
courci, isolera et morcellera de riches propriétés
qu'il grèvera de nouvelles servitudes. Telle propriété réduite à une petite lisière, entre le canal
et la Seine, subira une dépréciation considérable,
et l'on ne saurait dire que ce dommage sera com-
pensé par les avantages futurs d'une grande navigation; car sous ce rapport la navigation actuelle
a déjà porté ces propriétés au maximum de leur
valeur.

Si la compagnie qui construira le canal traite à
l'amiable avec les propriétaires de ces terrains morcelés, elle s'engage dans toutes les difficultés d'é-
valuations très-incertaines et dont le résultat peut
être fort onéreux pour elle, quand on songe que
déjà le terrain envahi par le tracé du canal est estimé à huit millions au moins.

Obtiendra-t-elle du Gouvernement un droit de dépossession fondé sur l'utilité publique? mais dans ce
cas même il faudrait encore accorder aux propriétaires une indemnité préalable : cette dépossession
des terrains envahis et morcelés par le canal serait,
d'ailleurs, repoussée avec un grand avantage, car
ici les intérêts privés ne doivent fléchir devant
l'intérêt public, qu'autant qu'il sera prouvé qu'un
canal latéral est *l'unique moyen* d'établir une grande
navigation de Paris à Rouen, et que l'on ne peut

arriver à ce but en se servant de la voie fluviale qui ne changerait en rien la situation des propriétés riveraines.

DES PROJETS RÉCEMMENT PRÉSENTÉS POUR LA NAVIGATION DE LA SEINE-INFÉRIEURE DE ROUEN A LA MER.

Depuis Rouen jusqu'à Caudebec, la Seine forme un bassin profond, susceptible de recevoir des navires de commerce du plus fort tonnage, sauf les hauts fonds de Bardouville et le val de La Haye, où il ne reste que 3 mètres d'eau à l'étiage. Son régime n'a pas changé de temps immémorial, dans toute cette étendue, et la navigation y est assez facile pour qu'on n'ait jamais eu l'idée d'y apporter de modification.

C'est principalement de Caudebec à Quillebœuf que la navigation est dangereuse : en aval jusqu'au Hâvre elle est seulement entravée par des bancs changeans.

Les rives de la Seine inférieure, corrodées par les vagues et les courans, ne permettent pas d'y établir un canal latéral dans le terrain naturel; néanmoins quelques ingénieurs croient possible de la former aux dépens de la rivière, au moyen de digues artificielles capables de conserver un niveau de 4 mètres en contre haut de la basse mer. La longueur de ce canal serait d'environ 60 kilomètres ; et si l'on supposait que la perte d'eau par les infiltrations fût, comme il a été dit dans le chapitre précédent, d'un mètre cube par kilomètre,

le courant serait plus grand dans le canal que dans
la rivière en tête de la dérivation ; mais les infiltrations seraient beaucoup plus dangereuses dans cette
branche que dans la partie supérieure, à cause
du sable fin sur lequel une portion des digues serait assise. On n'en préviendrait le renversement
que par des palplanches jointives fort dispen-
dieuses, et ce moyen ne serait plus efficace après
un certain nombre d'années.

Les courans de la rivière, passant au pied de
cette digue, pourraient aussi y creuser un chenal
et compromettre sa stabilité. On sait qu'en peu de
temps ces courans se frayent un nouveau lit, dans
des bancs de sable fort élevés; on éprouverait donc
toujours la crainte que cet effet n'eût encore lieu
d'un instant à l'autre, et l'on n'aperçoit alors aucun
moyen d'éviter l'éboulement de la digue établie du
côté de la mer.

Cette digue, vers l'embouchure de la rivière,
exposée à l'action des grosses vagues sur 20 à 25
kilomètres de longueur, ne résisterait qu'autant
qu'elle serait construite à la manière des brise-lames. Or, ceux qui sont le plus solidement établis, à
Plimouth et à Cherbourg, éprouvent des avaries de
temps à autre, et s'il en survenait dans le canal latéral, la navigation éprouverait un chômage fort
long, car une brèche faite par la mer pourrait s'é-
tendre sur une grande longueur, combler le canal
de gros blocs et le rendre peut-être impraticable
pour toujours.

Ce projet de canal à établir sur la rive droite ou

sur la rive gauche, formé avec un long *barrage latéral en lit de rivière*, dans le sens des courans, sur
des sables très-mobiles, offrirait si peu de garantie
à la navigation, qu'il est inutile de s'y arrêter davantage.

Celui d'un barrage *déversoir* traversant la Seine,
soit de la pointe du Hoc à Honfleur, soit de Berville
à Sandouville, aurait la plus grande influence sur
le progrès de l'ensablement de la baie. Soustraire
le bassin de cette rivière à l'effet des marées, c'est
faire exactement le contraire de ce qui se pratique
dans tous les ports maritimes, pour y maintenir
une passe aux navires.

On exécute à grands frais de vastes retenues pour
opérer des chasses violentes qui nettoient le chenal
de nos ports; on en publie partout les bons effets;
et pour la Seine, on trouve la retenue trop vaste et
l'on procède dans un sens opposé à l'effet qu'on
veut produire.

Les eaux de la Seine gonflées de celles de la mer
ne sont pas assez fortes, présentement, pour se
frayer un passage au travers des sables que le flot
apporte de Quillebœuf à Villequier, et l'on espère
que les eaux seules de la rivière feront une rade
profonde en aval du barrage, dans les bancs de galet, de sable et de gravier qui occupent aujourd'hui
presque toute la baie du Hàvre à Honfleur et me-
nacent de s'élever en peu de temps au-dessus du
niveau des basses marées!

Le volume d'eau qui remplit deux fois par jour
le bassin de la Seine depuis Rouen jusqu'à la mer,

constitue une force motrice immense dont il est facile de disposer pour opérer des dragages. Cette force naturelle et économique produite par les courans de reflux ou de jusant lutte journellement pour détruire les attérissemens (1).

On attribue à l'effet des marées la conservation du bassin de la Gironde, le plus beau que possède la France. La rade du Verdon peut contenir 100 vaisseaux de guerre et des milliers de navires; l'entrée ou le goulet a 25 et 30 mètres de profondeur à basse mer; la superficie de cette rivière est presque double de celle de la Seine-Inférieure, et partout, sur 20 lieues de longueur, on y trouve de 8 à 20 mètres de mouillage à toute heure.

D'immenses bancs de sable, dont plusieurs sont changeans, occupent l'extérieur de la baie; mais

---

(1) Un fait incontestable va nous en fournir la preuve. Depuis environ 40 ans, le lit de la Garonne s'exhausse et se rétrécit dans la portion soumise à l'influence des marées, parce que le gros du courant de flot, jadis dirigé vers son embouchure, a changé de direction par l'effet des épis construits sur les îles de Cazan et du Nord, devenues des propriétés considérables. Il se jette (ce courant) directement dans la Dordogne, qui s'est creusée de plus d'un mètre dans tout son cours, depuis Libourne jusqu'au bec d'Ambès. Le tonnage des navires qui fréquentent cette rivière a doublé depuis 40 ans; et celui des bâtimens qui remontent à Bordeaux a été réduit de plus de moitié : ceux de 3 à 400 tonneaux n'y arrivent plus qu'avec lenteur et avec la crainte d'échouer sur les barres qui traversent le fleuve ; et avant ce changement de régime des trois rivières, les bâtimens de 1,000 tonneaux faisaient facilement et promptement le trajet du bec d'Ambès à Bordeaux.

on n'y trouve point de traces du limon qu'entraînent la Dordogne et la Garonne dans leurs grandes eaux; le lieu du dépôt paraît être sur le littoral de la Charente et de la Vendée, où les marais s'agrandissent, en quelques endroits, d'une bande d'environ dix mètres par an sur une longueur de plusieurs lieues. La Loire ne dépose pas les troubles limoneux à son embouchure. Il en est de même de la Seine, et probablement de tous les fleuves qui coulent vers l'Océan. Les dépôts de terre se forment dans les anses où il n'existe qu'un faible courant littoral, à l'abri des îles, comme à Noirmoutiers, à Marans, etc.

L'exemple de la Gironde prouve incontestablement que l'effet des marées, loin d'être nuisible aux régimes des rivières, leur est essentiellement favorable; qu'au lieu d'anéantir la force motrice qui en résulte, il faut la ménager et l'employer convenablement à l'opération d'un dragage naturel.

Elle est surtout nécessaire pour améliorer le régime de la Seine inférieure, dans laquelle les masses de calcaire et de cailloux qui se détachent des falaises de la Hève par l'action des pluies et des gelées (1), sont transportées par les vagues et le courant littoral, et forment autour du Hàvre un immense poulier. S'il est vrai que cette côte soit corrodée d'un pied par an, il y aurait environ

---

(1) Et non par l'action des vagues, comme on le prétend.

15 mètres cubes (par mètre courant de rivage)
de terrain calcaire et de silex en rognons aban-
donnés à l'action de la mer qui les transporte vers
la Seine, depuis le cap d'Antifer, sur une longueur
développée d'environ 30 mille mètres. Le bassin
de ce fleuve pourrait donc recevoir un attérissement annuel de 45 hectares sur un mètre d'épaisseur, et en cinquante ans de 1800 hectares, plus
d'une lieue carrée.

Il paraît que les partisans du barrage ont voulu
remédier à l'effet du prompt attérissement qu'il
occasionerait en face du Hâvre, en faisant déboucher un large canal dans la petite rade, et en se
ménageant les moyens d'opérer des chasses; mais
il est aisé de comprendre que le prolongement
d'une jetée au vent du Hâvre, arrêtant le mouvement des galets, opérerait, comme tous les épis
construits sur la même côte, un poulier considérable que les chasses de la rivière ne pourraient
pas plus déplacer que la rivière de l'Adour à
Bayonne ne déplace la barre.

L'action d'une seule tempête fermerait ce nouveau chenal, en y portant des cailloux et des galets
à la même hauteur que dans le poulier qui ferme
actuellement l'entrée du port du Hâvre aux gros
navires.

D'ailleurs, la construction d'un barrage, soit de
5, soit de 9000 mètres dans le bassin de la Seine,
fondé sur des bancs changeans, et susceptible de
porter une colonne d'eau de 4 à 5 mètres, serait
excessivement chère; et, après une dépense énorme

4

en argent et en temps, l'eau et le sable fin filtrant au travers des joints des palplanches qui ne se toucheraient point, et au-dessous de ces palplanches dans un terrain perméable, il en résulterait des avaries capables d'interrompre pour long-temps la navigation; enfin, pour que ce barrage ne fût pas rompu par la mer, il faudrait le couvrir d'un brise-lame de pareille longueur, sauf 4 à 5oo mètres pour chaque passe qu'il serait nécessaire de rétrécir beaucoup, afin de briser la grosse lame à l'entrée de la rade.

On doit conclure de l'examen que nous venons de faire, que le problème de l'établissement d'une grande navigation de Paris à la mer n'a pas encore été résolu, et il est à désirer, dans l'intérêt du public, qu'aucun de ces projets ne soit exécuté.

CHAPITRE SECOND.

PROJET DE PERFECTIONNEMENT DE LA NAVIGATION
DE LA SEINE DE LA MER A ROUEN.

De Rouen à Caudebec, la navigation maritime
est commode, facile, exempte de danger : le
courant de flot favorise la montée des navires
et le jusant hâte leur descente. En plusieurs
endroits le plafond de la rivière est creusé à
dix mètres au – dessous de l'étiage; il est généralement à cinq mètres, sauf les hauts-fonds du Val-
de-la-Haye et de Bardouville, qui ne sont qu'à 2
et 3 mètres en contre-bas. Viennent ensuite la
traverse et les bancs changeans depuis Villequier
jusqu'à Quillebœuf, sur 22 kilomètres de longueur,
que les navires de 50 à 60 tonneaux ne franchis-
sent que par pauses, lorsque les circonstances du
vent et de la marée sont favorables. C'est surtout
vers la fin de l'été que ce trajet est dangereux : en
hiver, les bancs changeans s'abaissent par l'effet

4.

des fortes eaux de la rivière, et les courans de la première demi-heure de flot sont alors beaucoup moins rapides (1) que dans les vives-eaux des mois d'août, de septembre et d'octobre.

De Quillebœuf à Honfleur, les navires suivent un chenal changeant, mais les risques ne sont point comparables à ceux de la traverse de Villequier, parce que les bancs y sont moins hauts, et que le chenal y conserve plusieurs mètres de profondeur à basse-mer.

Les bâtimens qui sortent du Hâvre font tous voile au S. O., quand ils doivent entrer en rivière, et se dirigent vers Honfleur pour suivre ce chenal

---

(1) Contre les mâts d'un brick ensablé dans la traverse de Villequier, nous avons vu la mer s'élever de 0^m 60 à 0^m 70, par le seul effet de la vitesse des courans de flot. Un navire mouillé sur plusieurs ancres, en face de Villequier, ayant toutes ses voiles tendues par un vent assez frais, roidit ses câbles, se plonge dans une onde qui l'embrasse sur toute sa longueur, et semble prête à l'engloutir. Ce violent courant ne dure qu'une demi-heure ; dès que la mer s'est élevée d'un mètre au-dessus des bancs, la section de la rivière devenant considérable, elle perd alors en vitesse ce qu'elle gagne en débouché : l'onde appelée barre d'eau précède ce courant ; elle n'imprime qu'un mouvement d'ascension aux navires qui sont à flot ; mais ceux qui sont échoués éprouvent une flottaison instantanée et une chûte violente. Aussitôt après, les courans rapides, qui suivent la barre à une ou deux minutes d'intervalle, rencontrant un obstacle dans une voie déjà trop étroite, creusent les sables au-dessous du navire, les amoncellent sur ses flancs, le pressent, le retiennent, pendant que les eaux labourent et fouillent en quelques minutes le sillon où il va disparaître.

de navigation. Il en existait un pareil sur la rive droite, que l'on fréquentait encore il y a moins de trois ans ; mais il est comblé de sables durant les trois quarts de l'année et entièrement abandonné. Le poulier, ou banc de Galets, formé sous le vent du port du Hâvre, ressemble aujourd'hui à une vaste plaine qui tend à s'unir aux bancs d'Anfar, pour embrasser l'entrée de ce port et l'encombrer comme celle de Barfleur. Il est à peu près certain que cet effet aura lieu dans un avenir peu éloigné, et que le Hâvre ne sera plus accessible même aux petits navires. Les chasses artificielles n'auront point assez de force pour prévenir cet encombrement ; car dès à présent la grève est exhaussée au niveau de la basse mer à deux et trois cents mètres des jetées.

Tant que dure le courant littoral du N. au S., la mer monte lentement dans le port du Hâvre ; mais aussitôt qu'il passe au O. N. O., la marée vive se fait sentir, elle s'élève de $0^m,70$ à $0^m,80$ en dix minutes, durant les nouvelle et pleine lune. C'est alors que commencent les grands courans dans le bassin de la Seine ; le flot qui n'avait fourni que $1^m,30$ à $1^m,50$ d'ascension en deux heures, produit ensuite un exhaussement triple dans le même temps, et pendant la cinquième heure qui est la dernière de la marée montante, on considère la mer comme étale ou variant peu de niveau. La première heure du reflux ou du jusant est aussi une sorte d'étale, et c'est dans cet intervalle de deux heures que les navires qui ont attendu sous voile et au large le moment d'entrer dans le port, se rapprochent de la côte, où ils trouvent une eau presque stagnante et un mouillage convenable.

L'oscillation totale d'une marée d'équinoxe est quelquefois de 8^m au Hâvre, mais ordinairement elle n'est que de 7^m 5o environ. Le flot n'est sensible à Quillebœuf que trois heures après qu'il a marqué dans le premier port : à cet instant, les forts courans sont établis dans la baie, où la mer se répand pour se niveler avec le flot rapide de l'embouchure; il monte de o^m, 7o à o^m, 8o dans les dix premières minutes à Quillebœuf et plus loin vers l'amont, où le passage devient fort étroit pendant les basses eaux de l'été : cette affluence d'eau dans un petit canal produit à la traversée des bancs le phénomène de la barre ou du mascaret qui précède les violens courans de la traverse de Villequier. A Caudebec la section de la rivière reste toujours assez considérable et assez profonde, à basse mer, pour débiter le flot sans formation du mascaret, ni des courans dangereux à la navigation. Les sables entraînés par la marée montante s'y déposent, en été, sur environ dix kilomètres de longueur, et les courans opposés les reportent plus bas, et recreusent le fond en hiver. En amont de Caudebec, dans toute l'étendue de la rivière soumise à l'effet des marées, le mouillage est considérable, et en aval, la Seine est embarrassée de bancs changeans extrêmement nuisibles à la navigation; à quoi doit-on attribuer cette différence? L'inspection du plan de la rivière en indique clairement la cause. Dans les endroits où la Seine est profonde, on remarque qu'elle a peu de largeur, 150 à 200 mètres, et des rives presque verticales; là où elle est barrée par des bancs de sable, on voit qu'elle a une grande largeur, plus de 800 mètres, et des rives fort inclinées que les vagues détruisent journellement; c'est-à-dire qu'en aval elle perd en profondeur ce qu'elle gagne en largeur. Trop largement ouverte à son embouchure, cette rivière se rétrécit brusquement au-delà de Caudebec où elle conserve un régime à peu près invariable. Si elle était disposée en sens inverse, si le vaste bassin qui la termine était précédé d'un *goulet étroit*, les courans de flot et de jusant, forcés de passer par une section trois ou quatre fois plus petite que celle qui existe présentement, y acquerraient une forte vitesse qui se conserverait à de grandes distances, tant en amont qu'en aval, par l'effet de la marée, et creuseraient un lit très-profond dans un sol sablonneux. L'exemple de la Gironde, dont le cours et les rives affectent la figure que nous venons d'énoncer, prouve que l'énergie des courans, évidemment acquise au goulet de Royan, entretient un mouillage d'au moins huit mètres sur plus de soixante kilomètres de longueur en remontant vers Bordeaux.

Si l'entrée de la Gironde à Royan était aussi large que l'embouchure de la Seine au Hàvre, les immenses bancs de sable qui ont presqu'envahi la baie de Cordouan, et rendent l'entrée de la Gironde fort périlleuse durant les brumes et les tempêtes, s'étendraient jusqu'au bec d'Ambès et y formeraient dans les deux rivières de la Dordogne et de la Garonne des bancs pareils à ceux de la traverse de Villequier dans la Seine. Mais la vitesse du courant de flot acquise au goulet de Royan (elle varie de 1 ^{m}, 50 à 2 ^{m} à la seconde) trace un lit profond et direct sur une largeur de 2 à 3,000 mètres; et le jusant, encore plus rapide, entretient dans les bancs changeans de Cordouan deux passes profondes qui bifurquent presque à la sortie du goulet, et porte les navires à 25 et 30 kilomètres dans la mer comme ils sont portés par le courant de flot dans la rivière. Ainsi, le bassin de la Gironde, trois fois plus large vers le milieu qu'à son embouchure, sert de vaste retenue, dont l'effet incontestable est de maintenir un fort mouillage tant en amont qu'en aval du goulet, malgré l'effet des vagues *à l'extérieur* qui déplacent les bancs sans encombrer jamais le chenal de navigation.

La vitesse des courans, résultant de l'exécution d'un goulet dans un fleuve soumis à l'influence des marées, est donc susceptible d'opérer des recreusemens très-profonds et à de grandes distances, lorsque ces courans conservent une direction presque rectiligne; mais si le cours de la rivière est sinueux, comme celui de la Seine en amont de Quillebœuf, la vitesse acquise s'anéantirait en grande partie aux détours, et l'effet des chasses, tel qu'on le désire, ne s'obtiendrait pas même en multipliant les goulets; car les courans ne peuvent passer d'une direction rectiligne à une autre sans affecter une longue courbe, qu'il serait indispensable de tracer par quelques berges artificielles. Si on les rendait insubmersibles, on déterminerait des lieux de repos et des attérissemens qui diminueraient la superficie de la retenue qu'il est si important de conserver pour maintenir l'énergie des courans.

Au lieu de construire des épis destinés à faire autant de rétrécissemens qu'il y aura de changemens de direction du courant principal, ce qui serait insuffisant pour l'objet à remplir, on peut obtenir des chasses non moins puissantes, par des berges artificielles établies parallèlement à la rive qu'affecte ce courant, et qui en seront éloignées à la distance mesurée par la largeur du talweg, dans les parties en amont où sa profondeur est convenable. Ces berges, affleurant le niveau des basses eaux ordinaires, ne détermineront aucun attérissement en contre-haut de ce niveau, et ne diminueront point, par conséquent, la superficie de la *retenue* que la mer remplit deux fois par jour. Les eaux de la rivière, forcées de couler, à mer basse, seulement dans ce nouveau lit, très-étroit par rapport à la largeur actuelle, y prendront une vitesse de plus d'un mètre à la seconde, qui suffit au dragage des sables fins, à de petites comme à de grandes profondeurs.

En réduisant à 200 mètres, par exemple, la section de la Seine dans la traverse de Villequier, le volume d'eau qui coule à Caudebec et entretient, malgré l'apport des sables, une profondeur à l'étiage de 2 à 3 mètres, sur 4 à 500 mètres de largeur, obligé de passer dans un lit de 200 mètres en aval, y creusera nécessairement un mouillage de plus de 3 mètres, et dès qu'un chenal aura commencé à se former dans cette nouvelle direction, les courans, agissant incessamment sur le même fond de sable, avec une vitesse qui n'y permettra point de nouveaux dépôts, devront l'approfondir jusqu'à la rencontre d'un terrain beaucoup plus résistant que des sables mobiles dans lesquels s'engloutissent des navires de 150 à 200 tonneaux.

Une observation que nous avons faite dans la Dordogne et la Garonne, et qui confirme l'effet de ce recreusement, c'est que le lit de ces rivières *est fort dur* dans toute la tranche occupée par le courant principal, à 4, 5 et 6 mètres en contre-bas de l'étiage. Un sol vaseux ne tient point sous une pareille colonne d'eau agissant avec la vitesse de 1 mètre à 1 ^{m} 50 par seconde. Il est donc certain que les sables mobiles qui embarrassent le vaste lit de la Seine, de Caudebec à la mer, seront entraînés par les courans de jusant, dès qu'on aura réglé et limité leur direction pour qu'ils agissent toujours sur le même lit, avec une vitesse qui sera d'au moins 1 mètre et quelquefois de 2 à 3 par seconde.

En passant d'une rive à l'autre, à un détour, les eaux de la rivière s'accumulent, s'exhaussent contre la rive choquée, et déterminent un courant principal dont la vitesse est beaucoup plus grande que sur la rive opposée. C'est à la traversée des rivières par ce courant principal, dit de talweg, que se forment des remous, des eaux stagnantes, d'où naissent des dépôts et quelquefois des barres appelées hauts fonds. C'est donc aux coudes des rivières, au détour du courant principal que doit se porter l'attention de l'ingénieur, quand il veut fixer leur régime.

Le lieu occupé par des remous ou une eau stagnante étant inutile au débit général, et facilitant les attérissemens, il faut le solidifier et y construire une paroi verticale (1) qui suivra toutes les inflexions, tous les contours du courant principal, et ne s'élèvera qu'au niveau des basses extraordinaires. On encaissera de la sorte le courant de talweg entre deux berges invariables où l'eau prendra une vitesse presque uniforme et empêchera toute espèce de dépôt.

Les berges artificielles à exécuter entre Quillebœuf et Rouen seront à parement vertical, et formées de caisses en charpente échouées à la suite l'une de l'autre, et remplies de pierres ou de galets (2). Lorsque l'exhaussement du sol ne per-

---

(1) L'inclinaison des rives a une grande influence sur la vitesse des courans et l'effet des attérissemens. Une berge très-couchée, par rapport à l'horizontale, amortit la vitesse et occasione des dépôts ; une berge verticale amortit un peu la vitesse, mais elle ne donne point lieu à des attérissemens, surtout lorsqu'on l'établit dans un courant, à 4 ou 5 mètres de profondeur, en contre-bas de l'étiage.

(2) Au premier aperçu, on pourrait supposer que ces caisses occasioneront des dépenses considérables, et l'on serait dans l'erreur. En proportionnant simplement la résistance de ces caisses à la puissance quintuple qui tend à les détruire, on va voir qu'elles sont légères et peu coûteuses.

mettra pas d'immerger de 4 mètres une caisse destinée à servir de berge factice, on le creusera

---

Un prisme rectangulaire de 4 mètres de hauteur sur 3 mètres de largeur et une longueur de 25 mètres en est la figure extérieure. Quatre cours de moises horizontales, boulonnées avec des chevilles en cuivre, embrassent des pôtelets verticaux qui laissent entre eux autant de vide que de plein (0^m 10) et forment les longues parois de la caisse. Ces pôtelets ont 1^m 30 à 2^m 60 de longueur, ce qui permet d'y employer des bois de rebut peu coûteux. Des moises transversales de 0^m 10^c d'équarissage serviront à relier entre elles les parois verticales destinées à faire résistance aux courans. Les moises seront placées à deux mètres d'intervalle vide. Le cube du bois employé dans une caisse, par mètre courant, est de 0^m 65^c, lesquels, à raison de cent francs le mètre, pour fourniture, main d'œuvre et pose, font . . . . 65 f. 00 c.

Il sera employé un pieu par 3 mètres courans (deux par 6 mètres), de 0^m 30 à 0^m 35 de diamètre, et de 10 mètres de longueur, cubant chacun 0^m 90, et qui coûtera 100 fr. : ci pour un tiers . 33   33

Frais de boulons en cuivre (2 par mètre courant), à 3 fr. l'un, ci 6   00

         Somme. . . . . : 104   33

         Faux frais, etc. 5   67

Prix du mètre courant de caisse mis en place . 110   00

Moëllons intérieurs, 15 mètres cubes à raison de 2 fr. 30   00

Prix du mètre courant de berge artificielle. . . 140   00

Avant d'avoir fait cette évaluation on aurait pu la regarder comme devant être beaucoup plus forte, et cette seule présomption aurait éloigné de ce système simple et utile des personnes qui n'en auraient pas voulu faire l'estimation.

suffisamment au moyen de machines à draguer. Il ne sera pas nécessaire d'exécuter le dragage pour toutes les caisses, quand le terrain ne sera pas fort résistant; car le remous, qui aura lieu en aval des caisses échouées, occasionera très-vite des afouillemens dans la place qu'occupera la caisse suivante, et dispensera d'un travail qui ne serait d'ailleurs ni long, ni onéreux.

Les détails relatifs à la manœuvre de ces caisses appartenant aux pratiques communes de l'art de l'ingénieur, il serait superflu de les indiquer dans cet avant-projet (1).

Passons plutôt à l'application de ce système de caisses sans fonds, au recreusement du lit de la Seine de Rouen à la mer, pour y maintenir en tout temps une profondeur d'eau suffisante aux bâtimens de commerce du plus fort tonnage.

De Rouen à Villequier, ou à la fin du banc des Meules, il y a 71 kilomètres de distance, sur lesquels 23 environ ne donnent qu'un mouillage de 3 à 4 mètres, durant les basses eaux de l'été. La pleine mer de morte eau ne s'élevant pas de plus de $0^m,60^c$ au-dessus de l'étiage, pour que les hauts fonds ne gênent pas la navigation, il est indispensable de les creuser de 1 à 2 mètres. Pour y parvenir, on commencera par exécuter une berge ar-

______

(1) Il n'est pas inutile de remarquer que l'*étale* qui a lieu dans la rivière au moment de la basse mer ou de l'étiage de la marée sera très-favorable à la manœuvre de ces caisses et à leur échouage dans la direction exacte que l'on aura tracée à l'avance.

tificielle parallèle à la rive qu'affecte le courant de talweg, et qui n'en sera éloignée qu'à 150 mètres, dans l'étendue des hauts fonds de Bardouville, du Val-de-la-Haye et de Croisser. La longueur de chacune de ces berges ne peut être indiquée exactement à l'avance ; mais on est sûr d'un maximum qui est la longueur des 23 kilomètres. Il est fort probable qu'elle sera moindre ; car lorsqu'un courant s'est fixé sur une rive, et qu'on l'y resserre au moyen d'une petite longueur de digues, il acquiert une grande intensité ; l'expérience apprendra si elle suffit au recreusement naturel, que l'on facilitera d'ailleurs par des machines à draguer, toutes les fois que les hauts fonds contiendront du gravier et des pierrailles. Un banc de trente centimètres d'épaisseur en matières tenaces suffit pour maintenir une barre et empêcher l'effet du recreusement par les courants ; mais dès que ce banc aura été dragué par des moyens mécaniques, les terrains inférieurs pourront être corrodés par la rivière.

Lors même que l'on reconnaîtrait la nécessité d'effectuer entièrement à la drague l'enlèvement des barres de Croisser, du Val-de-la-Haye et de Bardouville, sur 150 mètres de largeur, il n'en serait pas moins utile de rétrécir le lit de la Seine pour donner plus d'intensité aux courans sur ces hauts fonds, afin de prévenir de nouveaux attérissemens.

Le banc des Meules, situé en face de Caudebec, où il occupe environ un myriamètre de longueur, paraît être entièrement formé de sables apportés par la mer. C'est le lieu où les courans de flot s'amortissent par leur rencontre avec le jusant; et comme les premiers sont chargés de sables en été, ils s'y déposent momentanément, et sont reportés en grande partie à la mer par les courans contraires. Le torrent d'eau et de sable, qui arrive de Villequier durant la première demi-heure du flot, en août, septembre et octobre, ne comble point le chenal de la rive droite en aval de Caudebec, à la pause des navires; c'est au-delà que se fait le dépôt, dans un endroit moins profond où les courans diminuent de vitesse à cause de la trop grande largeur de la rivière.

En réduisant à 200 mètres le profil de la Seine sur cette étendue de dix kilomètres occupée par le banc des Meules, au moyen de caisses remplies de moëllons, il est à peu près certain qu'il en résultera un dragage naturel à plus de cinq mètres en contre-bas de l'étiage. Ainsi qu'il a été déjà dit, on enlèvera, au moyen de machines, les bancs de grande résistance que les courans n'auraient pas la force de draguer, leur effet ne devant s'exercer promptement que sur les terrains peu tenaces.

Une observation que l'on ne manquera pas de faire, c'est que si l'on creuse les hauts fonds formant barrages dans la Seine inférieure, on abaissera peut-être son étiage sans profit pour la navigation. Cette question est assez importante pour qu'on y réponde par des faits bien connus et des calculs simples qui ne laissent rien à désirer.

Il y a 40 ans environ , la Garonne avait un mouillage de plus de 6 mètres à mer basse, depuis Bordeaux jusques à la rencontre du talweg de la Gironde : des empiétemens, occasionés par des propriétaires riverains de la Garonne, ont déplacé son talweg et le courant principal qui ont changé de rive ; il s'est formé des barres ou hauts-fonds dans ce nouveau lit et personne n'a remarqué qu'il en soit résulté un exhaussement de l'étiage à Bordeaux , ce qu'il eût été facile d'observer par l'oscillation des marées qui, aujourd'hui, ne diffère pas d'un mètre de celle des marées à Cordouan. L'enlèvement des hauts-fonds qui gênent la navigation , depuis le bec d'Ambès jusques à Bordeaux, *n'abaisserait donc pas* d'une quantité notable l'étiage de la Garonne entre ces deux points; et la même conséquence est bien applicable à la Seine. Il est vrai que dans son état actuel, cette rivière a plus de pente de superficie que la Garonne et la Gironde. Mais aussi dans ces dernières, l'écoulement est presque direct ; au lieu que la Seine se courbe et trace des lacets qui lui font perdre à tous les changemens de rive une grande partie de la vitesse acquise par le courant principal. Cette différence de pente n'est guère que de 0^m 005 à 0^m 006 millimètres par kilomètre ; car lorsque la mer est pleine à Rouen, en morte eau, elle est basse au Hàvre, ce qui fait de 4^m 20 à 4^m 50 de pente pour près de 120 kilomètres, ou 0,035 par kilomètres, au lieu que de Bordeaux à Royan elle n'est que de 0,03 environ. Par conséquent le plus grand abaissement qui pourrait avoir lieu à Rouen, par l'effet du recreusement de la Seine inférieure, ne sera pas de 120 fois $0^m 005$ ou $0^m 60^c$, qu'il sera aisé de regagner par des dragages.

On a indiqué sur la carte du cours de la Seine (planche n° 1) la berge artificielle qui doit servir au recreusement du banc des meules ; elle sera prolongée en aval jusqu'à Vieux-Port, où elle se raccorde avec la rive gauche, après avoir serré les courants sur la rive droite, à une distance de 200 mètres. Une seconde berge, construite pour fixer invariablement la traverse du talweg ou du courant principal, qui a lieu de la rive droite à la rive gauche, sera exécutée parallèlement à la première et à la rive naturelle de Vieux-Port à Quillebœuf, toujours à une distance de 200 mètres, et se rattachera avec la pointe de Fancarville, en décrivant une courbe adoucie. La longueur totale de ces deux berges artificielles sera d'environ 42 kilomètres. Leur construction ne peut manquer d'opérer seule un recreusement très-favorable à la navigation, puisque durant l'hiver les courants de la rivière qui agissent sur un profil au moins cinq fois plus grand, abaissent les barres de $0^m 80^c$ à un mètre : et l'ensablement n'aurait plus lieu en été, car, tant que durent les courants de la saison pluvieuse, la Seine inférieure s'approfondit constamment.

De Tancarville jusques au Hàvre, le chenal à recreuser est tracé dans des bancs de sable qui découvrent à mer basse. Mais à cause de sa direction rectiligne, il ne sera pas nécessaire d'exécuter une grande longueur de berges artificielles pour le creuser, sur une largeur de trois à six cents mètres, à une profondeur de plus de cinq mètres en contre-bas de l'étiage. Tous ces bancs se déplacent en hiver par l'effet d'un petit courant qui agit durant quelques jours dans la même direction : dès qu'on pourra y maintenir le courant principal de la Seine, on rouvrira un chenal pareil à celui qui se conserve sans altération dans le bassin de la Gironde, par le seul effet des courants de flot et de jusant. Mais on ne peut espérer de leur conserver assez de vitesse dans cette étendue, de Tancarville au-delà du Hâvre, si on ne retrécit pas l'embouchure de la Seine, comme celle de la Gironde, par la construction des digues indiquées au chapitre suivant : aussi l'ouverture de ce chenal doit-elle être subordonnée à l'exécution de ces digues.

Sur la rive gauche, de Quillebœuf à Honfleur, il est facile de maintenir un chenal de 5 ^{m} de profondeur à mer basse, indépendamment de ces digues, en formant de ce côté une berge artificielle dont le tracé suivrait à peu près les contours du chenal actuel de navigation. Les sables et galets qui tendent à encombrer la baie arrivent des falaises comprises entre le cap d'Antifer et la Hève, et sont encore plus poussés par l'effet des vents régnants que par le courant littoral; ils se déposent naturellement à l'abri de cette côte, en amont du port du Hâvre, là où les vagues cessent de les agiter. Le chenal de Honfleur, qui est fort éloigné

de ce mouvement de sables et de galets, ne peut
en recevoir qu'une faible quantité; c'est la raison
pour laquelle il conserve de la profondeur : c'est
aussi celle qui doit faire commencer par l'amélioration de ce chenal.

Le projet de recreuser un chenal plus direct de
Quillebœuf au Hâvre prouve qu'on n'est nullement
d'avis de sacrifier les intérêts de ce dernier port,
dont la situation favorable permet de lui donner
une importance militaire, qui, jusqu'ici, n'a pas
été suffisamment étudiée. Il est possible de prévenir l'attérissement de l'entrée du port du Hâvre,
et même de la creuser à une profondeur telle que
les vaisseaux de guerre y trouvent un mouillage
suffisant à l'étale de la haute mer, pour pénétrer
dans des bassins flottants. Mais il ne faudrait pas
dire que le recreusement de ce chenal direct, et
les travaux de digues à exécuter à l'embouchure
de la Seine, sont projetés exclusivement dans les
intérêts du port du Hâvre; on y trouve, pour la
navigation de la Seine, pour l'entrée et la sortie
des navires, des avantages assez grands pour pres-
crire la construction de ces divers ouvrages qui
doivent satisfaire si heureusement à tous les intérêts existants.

La longueur des berges artificielles formant le
chenal du Hâvre à Quillebœuf, et de ce dernier
port à Honfleur, est d'environ 85 kilomètres; en
amont de Quillebœuf jusqu'au-delà de Caudebec il
faut compter 40 kilomètres, et de Caudebec à
Rouen 10 kilomètres; en tout 135, que l'on doit

5.

réduire à cent, au maximum, attendu qu'elles ont été mesurées presque comme si elles étaient continues. A raison de 140,000 fr. le kilomètre, les cent coûteront quatorze millions, laquelle somme ne serait pas nécessaire immédiatement pour perfectionner la navigation de Rouen à la mer, puisqu'il vient d'être dit que le chenal de Quillebœuf au Hàvre ne serait entrepris qu'après que les digues de la rade seraient suffisamment avancées pour aider à l'entretien de ce chenal, recreusé par les courants après l'exécution des berges artificielles.

La construction de ces berges du côté de Honfleur devant précéder celle des digues, on se demandera sans doute si les caisses résisteront à l'agitation des vagues dans l'intérieur de la baie. D'abord, elles y sont moins violentes qu'à l'extérieur, dans la mer ; et ce qui doit complètement rassurer sur la stabilité de ces caisses, c'est que le banc du Ratier, formé de galets, et découvrant à mer-basse, n'éprouve aucun changement par l'effet de ces vagues, quoiqu'il se trouve à l'embouchure de la Seine, en aval de Honfleur.

Et les vers taraudeurs, dira-t-on ? Les bois des caisses restant toujours sous l'eau, dans des courants, ils se chargeront promptement de limon, de varecks, de coquilles, d'huîtres etc., qui les préserveront de l'atteinte des vers, comme ont été préservés les bois qui ont servi à l'établissement des môles du port militaire de Cherbourg. Lors même que ces vers parviendraient à détruire la charpente des berges artificielles, ce ne serait qu'après un assez grand nombre d'années pour que l'enrochement eût atteint le maximum de profondeur du chenal, auquel cas le bois n'a plus d'utilité, car on n'en propose l'usage que pour avoir un moyen facile de combler les affouillemens qui auront lieu sous les caisses au fur et à mesure du recreusement du chenal. Elles servent, pour ainsi dire, de magasin d'enrochement dont l'effet est immédiat, car il ne peut s'opérer d'affouillement sans que les moëllons descendent ; et il n'en doit résulter aucune discontinuité dans la berge.

Les observations faites sur beaucoup de rivières, dans l'étendue soumise à l'effet des marées, prouvent qu'il s'y établit de distance en distance, comme dans la Seine, des barres ou bancs de sable et gravier, à tous les coudes, et quelquefois dans les parties droites de ces rivières ; on a même remarqué que ces barres existaient à plusieurs kilomètres de l'embouchure, dans la mer. Mais on n'en remarque point de semblables dans le talweg de la Gironde ; et la Garonne, qui est aujourd'hui barrée par des bancs de petits galets, avait, il y a 40 ans, un mouillage de plus de 6 mètres, à mer basse, depuis Bordeaux jusqu'au bec d'Ambès. Les barres qui se forment dans les rivières du second ordre proviennent de leur trop grande largeur ou des coudes qui amortissent la vitesse des courants. On n'en trouve point aux endroits où cette vitesse est toujours d'au moins un mètre, sauf les deux instants de l'étale de haute et de basse mer où les eaux ne reposent pas assez de temps pour déposer leurs troubles.

Un chenal qui se rétrécit et s'élargit successive-
ment donnant lieu à des diminutions de vitesse
des courans, occasione nécessairement des dépôts.
Mais, dans le chenal artificiel de Caudebec à Honfleur, et au Hâvre, où il ne peut y avoir d'amor-
tissement des courans, où tous les travaux auront
pour objet d'accroître leur énergie en approchant
des lieux où le sol est le plus susceptible d'être
agité (vers l'embouchure), on ne doit pas craindre
l'établissement de bancs de sable sous une grande
colonne d'eau, dont la vitesse sera suffisante pour
recreuser le chenal dans son état actuel. L'expérience de ce recreusement, en un point quelconque, prouvera donc que la force qui l'aura effectué,
subsistant toujours avec la même énergie, sera capable de l'entretenir. Mais il n'atteindra sa plus grande
profondeur, même dans le chenal de Quillebœuf à
Honfleur, qu'après l'exécution des digues à la mer,
formant une rade et plusieurs goulets où les courans du flux et du reflux acquerront la même vitesse qu'au goulet de Royan dans la Gironde. Alors
l'embouchure de la Seine, qui est aujourd'hui par-
semée d'écueils, offrira une retraite assurée aux
vaisseaux du commerce et de l'état, et la navigation jusques à Rouen s'effectuera en deux ou trois
marées au plus, même pour les navires jaugeant de
mille à douze cents tonneaux. Les bateaux à vapeur feront ce trajet en moins de huit heures,
quand ils profiteront du flot pour la montée, et
du jusant pour la descente, et les ports du Hâvre,
de Rouen, de Honfleur, etc., auront des commu-

nications par eau plus promptes , plus sûres et plus économiques que toutes celles qui seraient établies par terre.

Le perfectionnement de la navigation de Rouen à la mer par un chenal bifurquant à Quillebœuf, et suivant la rive droite pour le service du Hâvre, et la rive gauche pour le service de Honfleur, doit coûter, (non compris l'exécution des digues à la mer formant l'objet du chapitre suivant) pour les berges artificielles, ... 14,000,000 f. 00 c.

Dragage de hauts-fonds de Bardouville, du Val de La Haye, etc 2,000,000 00

Somme . . . . . 16,000,000 f. 00 c.

Nous allons ajouter à cette somme, pour dépenses imprévues, 25 pour o/o, afin que l'estimation définitive soit supérieure à la dépense réelle d'exécution, ci 4,000,000 00

Total . . . . . . 20,000,000 f. 00 c.

CHAPITRE III.

PROJET DE DIGUES A EXÉCUTER POUR FORMER UNE RADE A L'EMBOUCHURE DE LA SEINE.

Presque toutes les localités qui ont offert aux bâtimens de mer un abri naturel, un profond mouillage et un terrain propre à maintenir les ancres, ont attiré de grands établissemens commerciaux ou militaires. Ces avantages ne peuvent être contre-balancés que par des travaux d'art d'un effet analogue à celui des caps avancés et des îles rapprochées de la terre. Le port du Hâvre, situé à l'embouchure d'un fleuve dont l'influence est favorable à l'industrie de la riche vallée qu'il parcourt, ne peut acquérir toute l'importance qui lui est propre que lorsque les navires d'un fort tonnage trouveront aux abords un refuge contre les ouragans.

L'exemple de la Gironde, cité dans le chapitre précédent, indique assez que la création d'une rade à l'embouchure de la Seine est le complément des travaux destinés à régulariser les courans de flot et de jusant, et à leur donner une nouvelle énergie pour prévenir les ensablemens des passes en aval des digues.

En réduisant à 3,500 mètres environ la largeur de la Seine en face du Hâvre, par l'exécution de plusieurs digues élevées au-dessus des plus hautes marées , les courans alternatifs acquerront, dans les passes, une augmentation de vitesse proportionnelle au rétrécissement de la section, et le sol susceptible d'affouillemens se creusera au fur et à mesure de l'élévation des digues à la mer, et atteindra promptement la profondeur qui existait il y a 60 ans. Avant de prouver que cet effet aura nécessairement lieu, il convient de déterminer l'ensemble du projet de digues tracé sur la carte de l'embouchure de la Seine (planche nᵒ 1) et de faire connaitre les motifs de leur direction et de leur emplacement.

Il n'est personne qui , à l'idée d'une rade, ne se figure un vaste bassin communiquant directement avec la mer par une ou plusieurs ouvertures.

Les digues dont il s'agit ayant pour objet de créer une rade embrassant les ports du Hâvre et de Honfleur, doivent donc s'établir le plus loin possible de ces ports , sans trop augmenter la dépense et sans nuire au calme qu'il faut obtenir dans la baie de la Seine.

Les hauts-fonds qui terminent l'embouchure de ce fleuve tracent naturellement la direction de ces digues ; les porter plus en avant dans la mer, ce serait inutile, car l'emplacement occupé par ces hauts-fonds ne servirait pas au mouillage des navires. Il vaut donc beaucoup mieux prendre ces premiers écueils pour bases des brise-lames à exécuter ; ils offrent d'ailleurs, sur une grande étendue, un plateau invariable formé de gros galets accumulés sur un rocher calcaire.

Le banc de l'Éclat est celui sur lequel il sera convenable d'élever la première digue. Situé au N. O. de la petite rade du Hâvre, son emplacement, par rapport aux vents régnans, l'a fait considérer depuis long-temps comme le lieu le plus propre à créer un brise-lame servant d'abri aux navires stationnaires. Aussi les marins les plus expérimentés du Hâvre ont souvent émis le vœu qu'on exécutât une forte digue dans cet emplacement, en démontrant qu'il en résulterait un grand avantage pour le commerce de cette ville et du bassin de la Seine. Il est heureux que ce projet soit en même temps utile au port du Hâvre, et nécessaire au recreusement des passes et du chenal de navigation

Presque tous les navires venant des mers du Nord se dirigent dans la passe formée par le cap de la Hève et le banc de l'Éclat, pour opérer ensuite leur entrée dans le port du Hâvre ; les bâtimens qui arrivent du Sud fréquentent la passe de l'ouest, et plus souvent celle du Hoc, comprise entre les bancs dits les hauts de la rade et le prolongement des bancs d'Anfar. Cette dernière passe avait plus de 11 mètres de mouillage, il y a 40 ans, mais aujourd'hui il est réduit à 4 et 5 mètres.

Le banc dit du Ratier indique aussi l'emplacement de la digue à construire, afin de ménager une passe pour le port de Honfleur; on ne fera aucun autre changement à celle qui existe que de la limiter par un môle ou brise-lame fondé sur ce banc.

La digue à exécuter sur le banc de l'Éclat aura environ 1800 mètres de longueur, et laissera 7 à 800 mètres de distance au cap de la Hève, pour servir de passe aux navires. Cette digue sera établie tout entière sur le banc et courbée exprès, afin de mieux rompre la lame du N. O. qui produit une grande agitation dans la petite rade. On assure que le banc de l'Éclat est formé d'une roche calcaire parfaitement accore, c'est-à-dire d'aplomb comme un mur de quai, et qu'aux plus basses mers le mouillage y est encore de 7 à 8 mètres. Ainsi, toute la partie concave de ce banc ressemblerait à un avant-port où les bâtimens pourraient s'amarrer à l'abri du vent, des vagues et des courans. Cet emplacement serait même fort commode pour y bâtir un petit lazaret propre à recevoir les malades, et au besoin les marchandises que l'on emmagasinerait sur la digue même, dont la largeur serait un peu augmentée pour remplir cet objet. L'élévation qu'on donnerait aux murs des magasins, qui seraient voûtés, améliorerait encore l'abri pour les navires. On n'aura pas à craindre les tassemens, puisque le sol de fondation est un rocher. Cette circonstance favorable permettra d'élever toute espèce d'établissement militaire qu'on jugera convenable de former sur cette île.

Le fond de la passe du N. O. est un terrain argileux pareil à celui qu'on aperçoit sous les falaises de la Hève; il résiste à l'action des courans plus parfaitement que la roche calcaire tendre de ces falaises; c'est ce qui fait que cette passe n'augmente pas sensiblement de profondeur.

La seconde digue à construire sur les bancs dits les hauts de la rade, aura environ 2800 mètres de longueur et sera distante de 7 à 800 mètres de la première. Cette passe se trouve coupée en son milieu par le tracé indiquant le chenal de l'ouest dans les cartes marines. En la supprimant, on mettrait fin à l'érosion de la côte, depuis les phares jusqu'au Hàvre, et la rade serait beaucoup plus tranquille. Cet avantage fait plus que compenser la petite gêne de cette entrée pour les bâtimens qui auraient manqué la passe du N. O. : obligés d'entrer par la passe du Hoc, ils ne seraient contrariés que par les vents de N. N. E. favorables à l'entrée de la passe O.; mais ces vents sont assez rares pour que l'on n'ait pas à se plaindre de cette suppression, à raison de la sécurité qui en résulterait pour la rade. La difficulté de défendre parfaitement en temps de guerre, contre les attaques des bateaux à vapeur, un grand nombre de passes, commande en outre de n'en créer qu'autant qu'elles seront rigoureusement nécessaires.

Dans l'hypothèse où l'on se déciderait à unir

la première digue du banc de l'Éclat à celle-ci,
pour n'en faire qu'une sans interruption, elle aurait à-peu-près 5,000 mètres de longueur. Ce projet
paraissant devoir être adopté, nous désignerons
désormais les deux digues dont il vient d'être
question par le n° 1.

La seconde viendra s'appuyer sur l'extrémité
des bancs d'Anfar, et le milieu de celui-ci, dit du
Ratier, de façon à laisser une lacune de 1,000 mètres
entre elle et la première.

Cette passe, qui était encore très-profonde en
1788, si l'on s'en rapporte aux cartes marines de
ce temps, ne donne plus de sonde au-delà de
5 mètres; il y a 4 mètres moyennement au-dessous des plus belles marées, ce qui annonce une
formation de dépôts très-rapide. En diminuant la
section du débit, il est bien évident que le chenal
se recreusera à une très-grande profondeur, et
s'étendra au travers des sables qui occupent aujourd'hui les abords du banc d'Anfar et la rade,
dite de la Fosse, où mouillaient les frégates, il y a
40 ans; le banc des Neiges, qui occupe maintenant cette rade, découvre à toutes les grandes
marées.

La seconde digue, tracée du N. O. au S. E., affecte d'abord une ligne droite, sur 3,000 mètres de
longueur, puis une courbe de 2,000 mètres qui
traverse le banc du Ratier, faisant en tout 5,000
mètres environ de longueur. Son extrémité se trouvera distante de 16 à 1700 mètres de la pointe de
Villerville, formant la passe du chenal de Honfleur.

La largeur totale des trois passes sera de 3,5oo mètres, environ le tiers de celle de la rivière en face du Hâvre.

C'est dans la passe du N. E. que les courans de flots et de jusant auront le plus d'intensité, et c'est de ce côté qu'il est le plus nécessaire de maintenir des chasses pour repousser en dehors de la rade les alluvions de sable et de galet qui suivent la grève depuis le cap d'Antifer jusques dans l'intérieur de la baie de la Seine.

Ce sont les vagues des vens régnans du N. O., et les premiers courans de flot qui les amènent au cap de la Hève ; pendant les tempêtes de l'O. et du S. O. ils pénètrent plus avant ; les galets s'arrêtent à la pointe du Hoc, et les sables sont portés jusqu'au-delà de Quillebœuf. Par l'établissement des digues, les vents d'O. et de S. O. n'agitant plus la mer dans la baie, les alluvions formeront un nouveau poulier sous les phares, en aval des jetées du Hâvre ; c'est-à-dire qu'il se fera un attérissement à Ingouville, précisément à l'endroit où la mer menace de tourner présentement ce port et d'en faire une île.

Si l'on ne prévenait pas le progrès de ce nouveau poulier, il est évident qu'il finirait par envahir la passe du N. O. et la petite rade, qui sont très-avantageuses à l'entrée et à la sortie des navires. Il faudrait à la vérité plus d'un siècle pour commencer à en éprouver des inconvéniens ; car, à raison de 24,ooo mètres cubes par an, ce serait un demi-hectare de superficie d'alluvion, ou 5o hectares par cent ans ; la petite rade contenant plus de 5oo hectares, il faudrait dix siècles, au moins, pour la combler de galets, seuls dépôts qui pourront s'y former à cause de la rapidité des courans.

La source des immenses alluvions qui encombrent présentement la baie de Seine est dans la destruction continuelle, par l'effet des pluies et des gelées , des falaises de la Haute-Normandie depuis le cap d'Antifer jusqu'au Hâvre. La construction des digues à l'embouchure du fleuve empêchant les vagues des vents d'O. et de S. O. de frapper la côte d'Ingouville et des phares, elle sera préservée de toute érosion pour peu qu'on en garantisse le pied par un mur à pierre sèche, ou par un massif exécuté avec des galets de la grève. Ce rivage est celui qui se détruit le plus rapidement aujourd'hui, parce que les sables de la falaise s'écoulent presque naturellement à la mer. Lorsqu'elle est lavée par les vagues, il s'en détache des masses considérables ; on estime à 2 mètres la largeur détruite annuellement sur plus de 2 kilomètres de longueur.

Si les falaises étaient inclinées à deux ou trois de base pour un de hauteur, au lieu d'être presque d'à-plomb, comme elles le sont présentement, l'action des pluies et des gelées y serait presque nulle : au lieu que dans l'état actuel les masses de calcaire se détachent par larges tranches, glissent sur la grève, à l'époque du dégel, et la recouvrent sur une grande portion du rivage. Les vagues achèvent de diviser ces masses de calcaire tendre qui sont roulées çà et là, et promptement converties en sable fin.

Les terrains fertiles qui bordent la grève dans

une partie du Finistère se trouvant exposés à l'action des vagues et n'étant pas assez tenaces pour
résister autant que les falaises de la Haute-Normandie, il a été nécessaire de les préserver des érosions
et l'on y est parvenu en élevant un mur vertical en
blocs, dont la hauteur est assez grande pour que
le retrait des lames n'arrache pas ces libages. Sur
cette côte, les matériaux de forte dimension étant
communs et le terrain précieux, les travaux de conservation s'y exécutent tout naturellement par les
propriétaires. Mais les falaises d'Antifer ne se détruisent pas tellement vite, et les champs n'y ont pas
assez de valeur pour que les particuliers aient été
forcés de se garantir des effets destructeurs des vagues. Ce qu'ils n'ont pas intérêt de faire, une compagnie ou l'état peut penser à l'entreprendre, surtout quand il s'agira de conserver un grand ouvrage,
dont les produits, les revenus nets pendant un an,
vaudront 4 ou 5 fois le montant total des dépenses
à faire. En retranchant annuellement cent mille fr
de ces produits, en 3o ans l'ouvrage de défense serait terminé jusques au cap d'Antifer. En effet, il n'y
a guère que 3o kilomètres de ce cap à celui de la
Hève, et pour le défendre par une digue que la mer
ne serait pas en état de renverser, (construite à la
manière de celles de Bretagne) il n'en coûterait,
comme on le verra plus loin, que cent fr. par mètre
courant de trois mètres de hauteur, ou cent mille fr.
par kilomètre. Cette muraille de défense serait en-
castrée dans la grève, au – dessous du niveau des
hautes marées d'équinoxe, et elle se terminerait à

environ trois mètres au-dessus. En arrière, on remplirait le vide par du galet : on formerait ainsi une plate-forme sur laquelle glisseraient les massifs de calcaire et de rognons détachés des falaises.

Ces matières n'étant plus le jouet des flots, elles se diviseraient très-difficilement par l'effet des pluies, et leur écoulement à la mer serait presque nul. Si l'administration avait fait exécuter cette muraille depuis que les bancs sont dangereux pour la navigation de la Seine, seulement à raison d'un kilomètre par an, le montant des avaries évitées aux navires eût payé à l'état le décuple de la dépense totale, et peut-être davantage.

La formation d'un poulier en face d'Ingouville étant utile pour remplir l'anse que la mer y a creusée, on ne sera point pressé d'achever la digue de défense du pied des falaises, et il suffira d'en exécuter un kilomètre par an (1), lorsque tous les ouvrages de la rade seront achevés. La construction de cette digue devrait exister depuis le Hâvre jusqu'au cap d'Antifer, si on ne jugeait pas convenable d'exécuter les brise-lames de la rade ; et l'effet qui en résultera est tellement certain, et si facile à essayer, que dans tout état de choses il serait fort important pour le commerce du Hâvre que l'on en

---

(1) On trouvera l'emploi d'une grande partie des galets de cette côte pour la construction des digues au-dessous des basses mers et le remblai en arrière des murs de défense sur le rivage.

fît une première expérience sur un demi kilomètre , dans l'anse d'Ingouville.

La construction des digues que nous venons de
proposer pour former une rade à l'embouchure de
la Seine , et pour recreuser les passes du Hoc et de
Honfleur, favorisera la création de bancs de sable
à l'abri et en aval de ces digues; car si d'un côté
on soustrait aux attérissemens dans la baie, la superficie de la rade et d'un chenal de navigation sur
chaque rive, on crée un vaste espace en dehors
pour le dépôt des alluvions : c'est là qu'il se formerait, si l'on ne fermait la source de celles qui viennent aujourd'hui en abondance des falaises de la
Haute-Normandie. Feu M. Lamblardie, qui avait
beaucoup et bien observé les effets de la mer et
des courans dans la baie de Seine , dit qu'en peu
de jours ils se creusent un nouveau lit de 20
pieds de profondeur dans les bancs qui affleurent
l'eau sur une grande étendue en longueur et largeur. Les courans de flot qui se formeront dans les
passes du nord-est et du Hoc, devant avoir, après
l'établissement des digues, une vitesse plus que
double de celle qu'ils ont présentement le long de
la rive droite, il est très-probable que, sans travaux auxiliaires, ils recreuseront à une grande profondeur, et la rade de la fosse et le chenal qui la
mettait jadis en communication avec le port de
Quillebœuf. Mais cet effet sera puissamment aidé
par les caisses remplies de moëllons dont il a été fait
mention dans le chapitre précédent, lesquelles for-
ceront les deux courans de flot et de-jusant à sui-

vre exactement le même chenal. Ce dernier courant aura plus d'énergie que le premier, puisqu'il s'augmentera de la vitesse due aux eaux de la rivière, et sa quantité de mouvement, acquise avant d'arriver aux passes, lui donnera, comme à ceux qui se forment dans la Gironde, une intensité capable de conserver un profond mouillage à de grandes distances dans la mer.

Mais l'établissement des digues de la rade n'aura-t-il point une fâcheuse influence sur la hauteur des marées dans la Seine, et sur la durée de l'étale de pleine mer ?

Si on admet avec beaucoup de savans que la hauteur des marées, dans une baie, dépend de sa position par rapport aux courans; que lorsqu'ils frappent perpendiculairement un rivage incliné, il se forme des ondes qui exhaussent le niveau, seulement le long des côtes (lesquelles ondes se succèdent tant que dure le courant principal du flot), il n'y a pas de raison pour que cet effet n'ait plus lieu sur les brise-lames comme sur la côte du Hâvre, et qu'il y ait une oscillation de la marée, moindre sur ce nouveau rivage que sur l'ancien. Alors la mer conservant son plein et l'amplitude des oscillations en aval des digues, comme il arrive aujourd'hui en amont, sur le rivage naturel, il ne s'opérera aucun changement à cet égard dans l'intérieur de la baie, qui se mettra promptement de niveau avec l'extérieur. Quoi qu'il arrive, il ne pourra en résulter aucun inconvénient fâcheux pour les ports de la baie de la Seine, qui n'auraient plus besoin de garder leur plein pendant une heure et demie à deux heures, attendu que les navires effectueraient très-vite leur entrée et leur sortie, après l'exécution des digues de la rade.

Jusqu'ici, il n'a encore été question que des bons effets résultant des digues à la mer; mais nous n'avons pas eu égard aux difficultés que présentent leur exécution, au montant de leur dépense, aux risques des avaries, etc. Si ces digues devaient être exécutées comme celles de Cherbourg et de Plymouth, s'il était indispensable de transporter des montagnes de blocs de très-forte dimension, pour assurer la stabilité de ces ouvrages, il faudrait renoncer immédiatement au projet que nous proposons, pour créer une rade à l'embouchure de la Seine.

Mais, dira-t-on, les deux plus grands ouvrages de digue et de brise-lames n'ont-ils pas été exécutés au meilleur marché possible, à Plymouth et à Cherbourg, par les plus habiles ingénieurs de France et d'Angleterre?

Les deux cents mètres de longueur de digue achevés à Cherbourg ne doivent être considérés que comme une première expérience : en effet, les fréquentes avaries survenues à cet ouvrage, par l'effet des vagues, ont fait penser qu'il fallait laisser à la mer l'exécution du profil à donner au talus extérieur, comme elle détermine celui des plages de galet; mais soit que le talus de la digue de Cherbourg ne fût pas assez incliné (à 6 ou 7 de base pour un de hauteur), soit que l'effort des vagues puisse soulever et déplacer de gros blocs, même sous un talus plus grand, la mer ayant continué de faire varier ce profil durant plus de vingt ans, on a été obligé de le fixer par un revêtement en maçonnerie : ce moyen, plus économique que celui d'étendre davantage le talus, a parfaitement réussi.

Le brise-lame de Plymouth, moins exposé à l'effet des flots que la digue de Cherbourg, est exécuté sur un talus de 3 à 4 de base pour un de hauteur, en très-gros blocs, et il éprouve souvent des avaries : on ne peut donc prendre ces deux ouvrages comme exemple à suivre ; et d'ailleurs, le montant de la dépense deviendrait exorbitant pour les digues de la rade du Hâvre.

Nous nous proposons de construire ces digues à parement vertical, du côté du large, à l'imitation de celle de Roscoff, dans le département du Finistère : c'est une jetée d'environ 120 mètres de longueur, sur 12 à 15 de largeur et 9 ou 10 de hauteur, adjacente à un rocher, et terminée par un môle demi-circulaire. Cet ouvrage ferme une partie de l'anse de Roscoff, et y donne un abri aux bâtimens de commerce de 3 à 400 tonneaux. Ce môle n'ayant pas été suffisamment prolongé, la vague pénètre quelquefois dans le port et y occasione de grandes avaries aux navires. Mais, depuis plus de 60 ans que la jetée subsiste, il n'y a point eu une pierre arrachée par les vagues qui, dans les tempêtes, les couvrent de gerbes d'eau de 7 à 8 mètres de hauteur.

Ses deux paremens extérieur et intérieur sont

d'à-plomb et construits en forts libages, coincés avec des éclats de galet et des coins de chêne. Les blocs n'ont été ni taillés ni dégrossis ; on les a mis en œuvre tels qu'ils ont été pris dans la carrière. Le môle, que les bâtimens peuvent aborder, est exécuté en pierres de taille, mais aussi sans mortier, comme le reste de la jetée. La digue de Porspol, construite vers la même époque que celle de Roscoff, n'a pas été achevée comme celle-ci, et cependant elle a duré plus de 50 ans sans avaries et sans entretien. Si elle avait eu deux mètres de hauteur de plus, elle serait restée inattaquable dans l'endroit de toute l'île où la mer est le plus violemment agitée.

Deux môles semblables à celui de Porspol s'exécutent à Ouessant, du côté du continent, et un brise-lame va être construit, à parement vertical, dans l'anse du Conquet, en un endroit où la vague est regardée comme la plus forte des côtes du Finistère.

C'est de la pose des libages du parement de ces digues que dépend surtout leur stabilité : quand chaque pierre porte bien la charge supérieure correspondante du mur qui est élevé au-dessus, il est impossible que l'effort des lames puisse en ébranler une seule. Pour plus de précaution, on fait usage de coins en silex et en bois ; mais dans les îles de Jersey et de Guernesey, où cette construction est fort employée, on se borne à bien asseoir les blocs et à les charger d'une haute colonne de matériaux.

Un pareil assemblage de grosses pierres peut éprouver un tassement sans perdre sa solidité; il suffit alors, pour qu'elle ne soit pas compromise, de battre les anciens coins et d'y en ajouter de nouveaux, opération qui se fait chaque fois que l'on s'aperçoit que le parement se dégarnit, afin que chaque libage reste toujours serré avec les libages contigus. Le soin que l'on aura de faire des massifs isolés d'environ 5o mètres de longueur préviendra les grandes avaries; car un seul massif résisterait aux plus fortes vagues qui se forment dans les mers de la Manche (1).

A l'embouchure de la Seine, les bancs du Ratier et de l'Éclat, qui sont recouverts de gros galet, ne paraissent subir aucune altération depuis nombre d'années, et le premier découvre à basse mer. On peut conclure que la base des digues qu'il s'agit d'exécuter peut être faite en matériaux de la même nature, choisis parmi les rognons qui forment la grève des côtes de la Haute-Normandie. Ils ne coûteraient aucuns frais d'extraction; ils se trouvent assez à proximité, et leur enlèvement serait avan-

---

(1) A Saint-Jean-de-Luz, les digues de ce genre ne résisteraient pas mieux que celles qu'on y a construites, parce que les vagues y font des affouillemens à des profondeurs considérables, au lieu que dans la Manche les plus fortes lames ne roulent pas les moëllons, même les gros galets à un ou deux mètres au-dessous des basses marées. Elles n'affouillent pas la plage de sable fin qui sert de fondation à une partie du môle de Roscoff.

tageux à la conservation de la rade du Hâvre, surtout après l'exécution du mur de défense des falaises.

L'enrochement à pierres perdues, exécuté avec
ces rognons, s'élevera à un mètre en contre-bas du
niveau des basses mers d'équinoxe , et sa hauteur
moyenne sera au maximum de 3 mètres. On lui
donnera 35 mètres de largeur à la base et 25 mètres au sommet; le talus extérieur aura 2 de base
pour un de hauteur. Au-dessus de cet enrochement , on immergera du beton pour faire une plate-
forme de 8 mètres de largeur sur 1 mètre d'épaisseur, régnant sur toute la longueur de la digue et
découvrant de 0^m 20^c à 0^m 30^c, durant les vives
eaux. La moitié de la largeur de ce massif fera
saillie sur le parement vertical de la digue, pour
empêcher que les vagues (1) de basse mer ne sou-
lèvent et ne roulent les moëllons de l'enrochement.
L'autre moitié du massif servira de fondation au
mur extérieur de la digue.

Le profil (planche 1re) indique la forme et la
construction de ces digues. La partie extérieure à
exécuter en gros blocs formant parement vertical,
aura 4 mètres de largeur à la base, 3 mètres au
sommet et 9 mètres de hauteur : le parapet qui
sera élevé en maçonnerie, avec mortier de chaux

---

(1) Dans les mers de la Manche , les vagues sont beaucoup
moins fortes à marée basse que vers les deux tiers de la marée
montante.

hydraulique, aura 3 mètres à la base et 1 mètre pour le diamètre du demi-cylindre formant le couronnement. En arrière de ce mur, on jettera des moëllons en enrochement pour lui servir d'appui, selon la courbe tracée au profil (figure 1 , planche 1). Un pavé en grosses pierres coincées, mais non taillées, servira d'enveloppe à cet empierrement pour le maintenir contre la chûte des masses d'eau que les lames porteront au-dessus du parapet.

Si l'on voulait établir un lazaret sur la digue du banc de l'Éclat, on donnerait à l'enrochement intérieur une largeur de 15 ou 20 mètres, à 2 mètres au-dessus des hautes mers d'équinoxe, et on le recouvrirait d'une plate-forme en maçonnerie, de 0^m 60 d'épaisseur, exécutée avec mortier de chaux hydraulique. Le parapet serait exhaussé de 20 mètres au-dessus de ce plan et servirait de culée aux voûtes destinées à couvrir les magasins ou les logemens particuliers pour le service des quarantaines.

Chaque extrémité des digues sera terminée par un môle demi-circulaire, ayant 20 mètres de diamètre, pour servir de base, soit à une batterie, soit à l'établissement d'un phare indiquant l'entrée de chaque passe, surtout durant les tempêtes. Le parement extérieur de ces môles sera vertical et construit en libages coincés, comme le mur brise-lames dont il vient d'être question.

La difficulté de maintenir une digue contre l'effort des ondes s'accroît encore à l'embouchure de la Seine des inconvéniens du passage des courans dans les lacunes ménagées entre les digues. La passe du nord-ouest étant limitée par un rocher, celui de l'Éclat, qui servira d'assiette à la première digue, les courans n'y occasioneront jamais d'avaries. Mais les deux passes du Hoc et de Honfleur n'offrent pas les mêmes avantages. On ignore si le banc du Ratier est assez tenace pour résister aux courans; quant au terrain qui sera au-dessous des môles de la passe du Hoc, c'est un sable susceptible de grands affouillemens; il faudra donc les empêcher de s'étendre au-dessous des digues.

Aucun moyen ne semble préférable aux enrochemens à pierres perdues. On commencera par en faire un môle de 15 mètres de rayon, à l'extrémité de chaque digue, élevé au niveau des basses eaux; on le rechargera au fur et à mesure que la passe se recreusera; mais lorsqu'elle aura atteint une profondeur de 13 à 14 mètres, on profitera de l'étale pour y verser des moëllons et en couvrir toute la passe sur 40 à 50 mètres de largeur et une épaisseur d'environ un mètre, afin d'y former comme un radier général. Après l'exécution de ces enrochemens, il n'y aura plus à craindre d'affouillemens, car il faudrait, pour qu'ils eussent lieu, que les courans pussent entraîner des moëllons appuyés les uns contre les autres, ce qui est impossible, attendu que leur plus grande vitesse ne sera pas égale à celle des courans de nos plus fortes rivières, qui ne détruisent pas les enrochemens bien exécutés.

Ces courans seraient fort dangereux si les digues

étaient construites en talus, à pierres perdues (comme celles de Cherbourg et de Plymouth), au-dessous des basses marées. En effet, les plus gros blocs qu'il soit possible d'y transporter et qui ont été jetés sur les talus de ces digues ont tous été remués par l'effort des vagues : pendant leur suspension, si un fort courant les entraîne, il est évident que tous les matériaux suivront la direction du courant, et qu'on ne pourra les arrêter que par un revêtement en maçonnerie fort onéreux comme celui qui a été exécuté sur le talus N. de la digue de Cherbourg.

Les digues à parement vertical au-dessus des basses mers, construites en libages coincés, ne peuvent être dégradées par les courans, et leur irrégularité ainsi que les vides qui restent entre les blocs, favorisent la division des vagues et l'écoulement de l'eau qui jaillit et s'élève dans l'intérieur du massif. Un mur dressé à la règle recevrait instantanément le choc des lames, et s'il n'est pas entièrement plein de mortier, les eaux qui s'infiltrent dans l'intérieur de la maçonnerie, pressant les pierres de parement comme des pistons de pompes, les poussent en dehors au moment du retrait des vagues.

Les côteaux de la baie de Seine ne fournissant pas de pierres dures pour la construction des brise-lames de la rade du Hàvre (1), il serait peut-être plus éco-

---

(1) On sera obligé d'employer du granit de Fermanville et des matériaux provenant des carrières situées à quelques lieues en aval de Rouen, sur les bords de la Seine.

nomique de les exécuter en maçonnerie de *moëllons*, avec mortier de chaux hydraulique. Pourvu
que le parement fût vertical, nous croyons que le
massif en gros blocs serait remplacé par un autre en
maçonneries de petits matériaux, sans inconvéniens
pour la durée et la stabilité de l'ouvrage, toutefois
si le terrain n'était pas susceptible de tassemens
considérables. Ainsi cette construction pourrait être
essayée avec sécurité sur le banc de l'Éclat ; mais,
sur un fond de sable, l'effet du tassement pourrait
rompre la maçonnerie ; quoiqu'il soit possible de
rétablir la liaison en coulant du mortier dans les
vides, il resterait toujours à craindre que quelques
massifs ne fussent renversés. Au reste, l'expérience
seule doit décider quel sera le moyen de construction le plus économique et le plus prompt.

Après l'établissement de ces digues la baie formera comme un vaste avant-port où les tempêtes
ne gèneront plus les communications entre les villes du Hàvre, de Honfleur, etc., qui deviendront
aussi faciles par les bateaux à vapeur, que si elles
avaient lieu par une grande route.

ÉVALUATION DE LA DÉPENSE POUR L'EXÉCUTION DE
10,000 MÈTRES DE DIGUES A L'EMBOUCHURE DE LA
SEINE.

Prix moyen pour un mètre courant.

Il entrera par mètre courant de digue 150 mètres cubes de moëllons pour enrochement au-des-

sous de la digue en arrière du mur en gros blocs,
lesquels seront extraits en grande partie des grè-
ves depuis la Hève jusqu'au cap d'Antifer : au prix
de 2 fr. le mètre cube, tout compris, les 150 mètres font . . . . 300 fr.

Le massif en béton cubant 8 mètres,
coûtera, au prix de 25 fr. le mètre cube . 200 fr.

31^m 50 cubes de maçonnerie en libages
coincés, à raison de 20 fr. le mètre cube
(le parement étant exécuté en granit de
la côte de Barfleur), font . . . . 630 fr.

6 mètres cubes de maçonnerie en moëllons, avec mortier de chaux hydraulique, formant parapet à 15 f. le mètre cu-
be, font . . . . 90 fr.

15 mètres cubes en libages coincés, formant revêtement des moëllons en arrière
du mur principal, à 12 fr. le mètre cube,
font . . . . 180 fr.

Somme. . . . . 1400 fr.

Les 10,000 mètres courans de di-
gues à 1400 fr. le mètre, font . . 14,000,000 fr.
Somme à valoir pour dépenses
imprévues, 30 p. c. . . . . 4,200,000 fr.
Établissement d'un lazaret . . . 800,000 fr.

Total général. . . 19,000,000 fr.

On n'a point compris dans ce montant de dix-
neuf millions les frais de construction du mur de

défense des falaises, depuis les phares jusqu'au cap d'Antifer, parce que cette dépense peut être prélevée comme frais d'entretien à raison de 100,000 f. par an, sur le montant des produits durant trente ans.

CHAPITRE IV.

PROJET DE NAVIGATION A GRAND TIRANT D'EAU
DE PARIS A ROUEN.

De Rouen à Caudebec la navigation est assez commode, assez facile pour que personne n'ait pensé à l'améliorer : pourtant la vitesse des courans de jusant y est bien plus forte qu'elle ne le serait dans la Seine supérieure, si l'on pouvait y obtenir un grand mouillage ; car, outre l'eau de la rivière, il s'écoule une tranche d'eau de plusieurs mètres d'épaisseur que le flot soulève deux fois par vingt-quatre heures.

Construire divers barrages dans la Seine pour exhausser son niveau ; draguer les hauts fonds, ainsi que cela se fait sur beaucoup de rivières en France, sont les travaux que nous proposons d'exécuter pour obtenir un mouillage de 5 ou 6 ^{m}, de Paris jusqu'à Rouen. Ce projet de canaliser la Seine a été étudié par M. Bérigny, inspecteur divisionnaire des ponts et chaussées, pour un tirant d'eau de trois mètres ; mais ce mouillage est insuffisant aux besoins du commerce ; il faut au moins que les navires jaugeant 500 tonneaux arrivent à Paris, ou que l'on se borne à la navigation actuelle améliorée seulement en trois ou quatre points, par des canaux de dérivation et des écluses à sas, sans construction *de barrages* en rivière.

Mais la Seine est-elle suffisamment encaissée pour permettre un exhaussement de niveau considérable, quatre mètres par exemple, à l'emplacement des barrages (1) ? Oui, car la plaine est généralement élevée à 5 et 6 mètres en contre haut de l'étiage de cette rivière ; et si quelques parcelles de terrain se trouvaient moins hautes, il ne faudrait pas exécuter une grande longueur de rigole (2) pour conduire, en aval de chaque barrage, les eaux *d'infiltration* susceptibles d'inonder ces terrains bas. L'idée de canaliser la Seine est assurément celle qui se présente la première à l'esprit ; elle a dû par conséquent occuper les ingénieurs qui ont concouru à la rédaction des projets d'établissement de navigation à grand tirant d'eau de Paris à la mer. Comme elle a été généralement

---

(1) Le barrage de Rouen n'exhausserait le niveau que de 3 mètres.

(2) Plus on s'éloigne des barrages et plus le niveau de la retenue se rapproche de l'étiage de la Seine dans son état actuel.

abandonnée, et qu'on lui a préféré la navigation par un canal latéral, il faut que le premier système ait présenté des difficultés et des inconvéniens que l'on espérait ne pas rencontrer dans le second.

S'il était possible d'ouvrir un canal ayant au moins cinq mètres de mouillage de Paris au Hâvre, dans lequel l'eau fût à peu près stagnante, et dont les biez seraient entièrement indépendans des variations de niveau de la Seine, nul doute que ce canal ne fût préférable, à certains égards, à la rivière, pour la navigation des bâtimens de commerce. Mais s'il est impossible d'exécuter le canal sans traverser six fois la Seine, cette seule considération semble devoir faire revenir à l'étude de la canalisation de cette rivière ; et nous ne concevons pas d'autres motifs capables d'en détourner, que la difficulté de construire un barrage qui *régularise* le niveau de ce fleuve sans augmenter la hauteur de ses crues. Objectera-t-on la vitesse des courans formant obstacle à la montée des navires? Mais, si l'on suppose que la section de la rivière soit de mille mètres carrés environ, mesurés à l'étiage, comme nous voulons le faire, il n'y aura que o^m, 15 à o^m, 20 de vitesse par seconde durant l'étiage (1). Pendant les eaux moyennes, qui fournis-

---

(1) Cette vitesse des courans exigerait pour le halage d'un navire jaugeant 3 à 400 tonneaux, un cheval de plus que s'il était halé dans une eau stagnante.

7

sent 400 ^{m}-cubes au pont de l'Arche, cette vitesse ne sera que de o ^{m}, 40 à o ^{m}, 45 (1). Enfin, durant les crues moyennes, où la rivière produit environ 800 ^{m}-cubes à la seconde, la vitesse des courans n'étant que de o ^{m}, 80 à o ^{m}, 90, la navigation ne serait pas encore interrompue, puisqu'en doublant le nombre de chevaux qui seraient employés au halage dans un canal, on ferait prendre encore aux navires une vitesse de o ^{m}, 90 à 1 ^{m}-à la seconde dans la Seine. D'ailleurs, la question du halage dans une rivière canalisée, où l'on doit vaincre la résistance des courans, ne peut-elle se faire qu'en appliquant immédiatement la force des chevaux au tirage de la cordelle ? Ne pourrait-on pas trouver de moyens plus avantageux pour le tems des crues qui n'a pas une longue durée ? Ne fût-ce que celui des bateaux à vapeur, tout imparfait qu'il est encore, il serait suffisant pour la remorque des navires à une lieue par heure dans un courant d'un mètre de vitesse à la seconde.

La véritable difficulté de la canalisation de la Seine est donc celle d'exécuter un barrage qui n'ait pas les inconvéniens de ceux que l'on a construits dans les petites rivières. Quand on les fait pleins, il en résulte une cataracte qui creuse le plafond en aval, et forme à quelque distance un bourlet nuisible à la navigation ; quand on les fait avec pertuis

---

(1) Alors il faudrait trois chevaux de plus pour le halage du même navire.

à poutrelles, la manœuvre de ces dernières, déjà fort embarrassante s'il n'y en a qu'un petit nombre, devient un grand travail lorsqu'il s'agit de sortir des courans cinq à six cents pièces de bois, et de les replacer au moment où les eaux de la rivière viennent à diminuer. On conçoit aisément que la surveillance du garde-écluse puisse prévenir l'abaissement du niveau d'une rivière au-dessous de l'arrête supérieure d'un barrage déversoir plein ; mais il est presque impossible que cet abaissement de niveau n'ait pas lieu au-dessous du plan de flottaison, lorsque les pertuis d'un barrage à piles auront été ouverts pour l'écoulement des eaux d'une crue ; car les ouvriers manqueront bien quelquefois à remettre les poutrelles à leur place au fur et à mesure de la diminution des eaux. Cette opération ne se fera pas non plus en quelques heures ; il est donc certain que les bâtimens en station dans une retenue courront le risque d'un échouage dangereux au moment où le niveau de la rivière s'abaissera après une crue. Ainsi, nous le répétons, la principale, la seule difficulté de la canalisation de la Seine se rencontre dans l'exécution d'un barrage dont l'effet soit tel, 1° qu'en tout tems le niveau de la rivière ne puisse s'abaisser au-dessous du plan de flottaison ; 2° qu'il n'exhausse pas le niveau des crues ; 3° qu'il ne donne lieu à aucun attérissement, tant en amont qu'en aval ; 4° qu'il fournisse un libre passage aux corps flottans.

C'est donc à la conception d'un nouveau système de barrage que nous avons dû nous attacher pour parvenir à la solution du problème de la grande navigation en lit de rivière. La description sommaire de ce système, que nous allons exposer, nous mettra en état de prouver ensuite qu'il satisfait à toutes ces conditions.

Sur un radier général construit en béton, par les procédés connus, s'élèvent des piles de 2 ^{m}, 5o d'épaisseur (planche 2, figures 1, 2 et 3) servant de support à des voûtes en plein ceintre de huit mètres de diamètre. Le pont sera fait en moëllon, ou en pierre de petit appareil, et par son poids maintiendra la stabilité des piles contre la poussée de l'eau sur le barrage. Il se composera de dix-neuf arches, pour que le vide entre les piles soit à peu près égal à la superficie de la section transversale de la rivière. Le dessus du radier sera établi à trois mètres en contre-bas de l'étiage actuel, et l'écluse à sas, adjacente à l'une des rives, sera construite en rivière.

L'intervalle entre deux piles se fermera au moyen de pièces de fonte oscillant sur deux tourillons, qui reposeront dans des collets en cuivre fixés sur la paroi d'une chambre ménagée dans l'épaisseur des piles : cette chambre sera fermée au moyen d'un léger ventail.

La dimension de ces portes horizontales varie dans le sens de la hauteur du barrage : les deux premiers étages n'auront que 1 ^{m}, 1o de hauteur, le troisième étage aura 1 ^{m}, 3o et le quatrième 1 ^{m}, 8o. Au cinquième se trouvera une vanne en fonte de 2 ᵐ- de hauteur, qu'on levera au moyen de vis et d'une roue d'engrenage : l'ensemble des portes et de la vanne formeront une hauteur totale de 7 ᵐ, 3o.

Les portes à tourillons se manœuvreront à l'aide d'un flotteur disposé à coulisse dans chaque arche, et attaché à des tirans verticaux sur lesquels s'adapteront des chaînes enroulées dans la gorge d'un quart de poulie fixé sur chaque axe, et placé dans les chambres des piles. Ces portes auront plus de hauteur au-dessous de l'axe de rotation qu'au-dessus, pour qu'il y ait une pression capable de vaincre le frottement des tourillons et de fermer le ventail. Le flotteur, qui s'étendra d'une pile à l'autre, aura une force ascensionnelle, produite par son immersion dans l'eau, suffisante pour faire presque équilibre au double des frottemens des tourillons des quatre portes comprises dans chaque arche, eu égard au rayon de la poulie sur laquelle s'enroule la chaîne. Alors une ascension de quelques centimètres du niveau de la rivière rompra cet espèce d'équilibre, en faisant monter le flotteur qui déterminera un mouvement de rotation des portes. Tant qu'elles ne seront pas assez ouvertes pour que toute l'eau de la rivière s'écoule, c'est-à-dire tant que son niveau s'exhaussera, elles ouvriront un plus grand passage à l'eau, et il ne faudra pas une ascension de o ᵐ, 20 en amont du barrage pour que les portes tournantes soient à l'horizontale. Dans cette position le débit de la rivière s'opérera sur la largueur de dix-neuf fois huit mètres et sur une hauteur de 5^m,3o moins l'épaisseur des tourillons qui auront ensemble o^m, 5o ^c.

Une vis en fer de 2^m, 5o à 3^m- de longueur de filet, attachée au milieu des vannes à coulisses et montant au-dessus du pont, passera dans un écrou portant roue d'engrenage et susceptible de tourner entre deux brides au moyen d'une vis sans fin qui sera, pour ainsi dire, la clef de tout le vannage.

Le premier des barrages vers Paris sera défendu par un masque ou grillage en fonte, pour arrêter tous les corps flottans provenant de la Seine supérieure.

Toutes les portes tournantes pourront être visitées et goudronnées quand on le jugera convenable et en fort peu de tems. On fera pour cela usage de deux bateaux-portes qu'on échouera l'un en amont, l'autre en aval d'un pertuis, dans des chambres convenablement exécutées, et l'on épuisera ensuite l'eau contenue entre ces bateaux et les piles qui leur servent d'appuis : cet épuisement aura lieu comme celui des bassins de radoubs des vaisseaux.

Deux bateaux-portes seront affectés au service de chaque barrage, et deux autres plus grands, destinés aux écluses à sas de toute la rivière, serviront aussi aux travaux d'entretien et de réparation de ces grands ouvrages. Ces écluses auront au moins 16^m- de largeur sur 70 de longueur entre les buses, afin de fournir un libre passage aux frégates ordinaires et aux bâtimens à vapeur avec leurs ailes.

Un pont tournant sera établi en tête du sas, dans le prolongement du pont en pierre.

Les portes servant à fermer le sas de chaque écluse, construites comme celles de la petite navigation, présenteraient des inconvéniens graves dans l'hypothèse d'une largeur de 16^m. Mais si on les rend presque flottantes, sans changer leur forme ordinaire, elles se manœuvreront alors avec facilité, sans fatiguer les colliers, sans user les pivots ; enfin elles acquerront une résistance et une durée considérables, si on les exécute presque entièrement en fonte de fer (1).

Les portes à tourillons du barrage, laissant entre elles un espace vide sur tout leur périmètre,

---

(1) Ce nouveau système se compose de deux portes busquées tournant sur un poteau pour se loger dans des chambres et ne pas gêner le passage des navires. Le flotteur, qui a une forme rectangulaire, la même que celle du ventail, est établi dans la partie inférieure pour être constamment sous l'eau : il laisse à l'intérieur un vide de $0^m,70$ sur 4 mètres de hauteur, et il est exécuté en planches de fonte, jointes à leurs nervures par des boulons. On pourra pénétrer dans les flotteurs par les poteaux tourillons qui seront creux.

La partie supérieure, qui est à parois simple, est construite en fonte et doublée en bois. Des vannes à vis, ménagées dans chaque ventail, seront assez grandes pour que l'on remplisse le sas en deux minutes.

Les portes d'amont, de même hauteur que celles d'aval, sont élevées de $0^m,10$ au-dessus du radier, afin de faire chasse continuelle dans la direction du sas.

il s'écoulera constamment par ces petites tranches
horizontales et verticales , dont la largeur sera de
o ^{m}, oo2 à o ^{m}, oo3 , un volume d'eau assez grand
pour que ce système ne convienne pas à toute rivière , ayant peu de pente de superficie et un régime presque invariable comme la Seine. Ce volume d'eau est au maximum de 20 ^{m}- cubes par
seconde , dans l'hypothèse dont il s'agit : la rivière
en fournit au moins cent dans les plus grandes
sécheresses ; par conséquent il restera un grand
excédent pour régulariser le niveau de la rivière (1)
qui ne s'abaissera pas au-dessous de la ligne d'eau
nécessaire à la flottaison dans chaque retenue.

L'établissement des barrages que nous venons
de décrire n'exhaussera pas le niveau des crues.
En effet, lorsque le niveau des retenues se sera
suffisamment élevé pour que l'écoulement des eaux
ne puisse s'effectuer par les portes à tourillons
entièrement ouvertes, on levera les vannes et les
flotteurs à une hauteur de plus de 2 ^{m}, 5o au-dessus des retenues, et le débouché du barrage sera
celui d'un pont ordinaire dont la section entre les
piles est au moins égale en superficie à celle de la
rivière; par conséquent il ne gênera point l'écoulement de ses eaux.

C'est seulement durant ses crues que la Seine
peut charrier des sables susceptibles de former

---

(1) On pourra même disposer de plus de 6o mètres cubes
à la seconde, comme force motrice pour des usines.

des attérissemens; dans les eaux ordinaires sa vitesse est trop faible pour transporter même des
terres légères. Or, le barrage, laissant absolument,
comme les ponts, un libre écoulement aux sables
qui peuvent rouler sur le plafond de la rivière, il
ne produira d'attérissement qu'autant qu'il amor-
tirait la vitesse des courans par l'effet des retenues
ou de l'exhaussement du niveau de la rivière.

Mais les crues moyennes s'élevant à 4^m- au-dessus de l'étiage de la Seine, c'est précisément la
hauteur du gonflement artificiel occasioné par
les barrages; il ne peut donc y avoir de diminution dans la vitesse des courans (lorsqu'ils portent des troubles), en substituant la canalisation de
la rivière à son état actuel; ainsi, il n'y aura pas
plus de dépôts après qu'avant cette canalisation.

Nous avons dit que pendant les crues extraordinaires le vannage serait levé au-dessus du niveau
de la rivière: il y aura donc une tranche d'eau
d'environ 3^m- de hauteur qui, n'étant gênée par
aucun obstacle, sera plus que suffisante pour l'é-
coulement des matières flottantes.

Durant les fortes gelées et les débâcles, qui
n'ont lieu que dans les crues moyennes, les portes mobiles seront fermées; et on levera autant de
vannes qu'il sera nécessaire pour empêcher le niveau de la rivière de s'exhausser à plus de $0^m,40$
ou $0^m,50$ en contre-haut de son étiage formé par
les retenues.

On peut donc conclure de ce qui précède que
le système de barrage que nous proposons n'occa-

sionera pas plus de changemens dans le régime de la rivière que la construction d'un pont et qu'il n'en résultera aucun dommage pour les propriétaires de la vallée.

Il reste maintenant à déterminer le nombre des barrages à construire dans la Seine, dans l'hypothèse que le gonflement de chaque retenue soit d'environ 4 ᵐ⁻ et qu'il faille obtenir un mouillage de 5 ᵐ⁻. Nous supposons que par le moyen de machines à draguer on ait recreusé la rivière partout à 3 ᵐ⁻ en contre-bas de son étiage actuel.

De Bezons à Rouen, sur environ 210 kilomètres, la pente est d'à peu près 18 ᵐ, 15, mesurée à la superficie des basses eaux de l'été : cette pente est très-variable dans cette étendue, elle est de o ᵐ, 091 par kilomètre entre Maisons et Vernon, et de o ᵐ, 056 entre le pont de l'Arche et Rouen : nous prendrons la pente réduite pour toute la longueur, ce qui fait o ᵐ, 0857 par kilomètre.

Lorsque par l'exécution des barrages on aura relevé le niveau, de façon que le mouillage soit de 7 ᵐ⁻ en amont de chaque barrage et de 5 ᵐ⁻ en aval, la pente de superficie pendant la sécheresse sera très-différente de la pente selon l'étiage actuel. Il serait fort utile de pouvoir apprécier la première à l'avance; mais dans les travaux faits jusqu'à ce jour, on ne trouve rien d'analogue; il n'a point été exécuté en France de navigation à grand tirant d'eau, et il n'existe aucune navigation naturelle de laquelle on puisse déduire exactement la pente qu'il s'agit d'évaluer.

Du pont de l'Arche à Rouen, par exemple, la pente de la rivière est de 2 ᵐ, o36, sur environ 36 kilomètres, c'est-à-dire d'à peu près o ᵐ, o56 par kilomètre, y compris la chûte du pertuis Martot.

Du pont de Rouen à la Bouille, cette pente n'est que de o ᵐ, 217 sur près de 20 kilomètres; elle est presque nulle de la Meilleraye à Villequier et de ce point à Quillebœuf: au-delà, jusqu'à la mer, elle s'accroît beaucoup et devient aussi forte qu'entre Rouen et Paris; c'est-à-dire que la pente de superficie varie de un à dix centimètres, depuis le pont de Rouen jusqu'au Hâvre. Cette grande variation est due à la quantité d'eau qui s'écoule, et à la superficie du profil en travers prise au mouillage. La section de la rivière aux environs de Rouen étant plus considérable que celle qui existe en amont de cette ville jusqu'à Paris, la pente de superficie des retenues artificielles, pendant les basses eaux de l'été, devra être plus forte que celle de l'étiage à partir de Rouen jusqu'à la Meilleraye (1).

Nous ne croyons pas être au-dessus de la réalité en établissant à o ᵐ, o2 par kilomètre cette pente de l'eau des retenues durant les plus basses eaux ; il est même fort probable que cette évaluation est

____

(1) Ce qui le prouve, c'est que durant les crues la pente de la Seine est de oᵐ, 10 en amont de Rouen, et qu'en aval elle n'est pas de oᵐ, o5 à la même époque.

trop faible ; mais comme l'erreur en ce cas ne peut qu'être avantageuse à la navigation en fournissant un plus grand mouillage, que 5 ᵐ, oo ᶜ, en aval de chaque barrage, nous préférons commettre une erreur en plus qu'en moins. Pendant les eaux moyennes la rivière devant couler dans les retenues artificielles sous une pente de 0ᵐ, o5 à 0ᵐ, o6 par kilomètre, laquelle s'élevera jusqu'à 0 ᵐ, o9 et 0 ᵐ, 10 pendant les crues, il s'ensuit que pendant six mois au moins par an, le mouillage de la rivière sera de plus de 6 ᵐ.

A raison de 0 ᵐ, o2 de pente par kilomètre, les 210 kilomètres de distance, entre Bezons et Rouen, produiront 4 ᵐ, 20 qu'il faut retrancher de 18 ᵐ, 15 pente totale de l'étiage de la rivière entre ces deux points : la différence qui est d'environ 14ᵐ- est la pente à racheter par les écluses à sas adjacentes aux barrages. L'exhaussement de niveau ne pouvant excéder 4 ᵐ- qui se réduiront à 2 ᵐ- en aval du barrage supérieur, il s'ensuit que la chûte ne sera que de 2 ᵐ- pour chaque écluse : il en faudra donc sept pour racheter les 14ᵐ- trouvés précédemment, qui marquent le minimum de la différence entre la pente de la rivière canalisée et l'étiage actuel. Ainsi, sept barrages régulateurs et autant d'écluses suffiront pour obtenir un mouillage de 5 ᵐ- au moins dans l'été et de 6 ᵐ- dans les autres saisons, depuis Bezons jusqu'à Rouen.

Il est bien évident que tous ces barrages n'auront pas la même chûte ; celui de Rouen, par exemple, n'exhaussera le niveau que de 2 ᵐ, 50 à

3 ^m, oo, à cause de la grande profondeur d'eau qui règne presque partout en amont jusqu'au pont de l'Arche. Autant que possible il faudra choisir pour leur emplacement les localités en aval des ponts existans, afin que durant le passage des navires il y ait toujours une communication d'une rive à l'autre de la Seine pour le service des routes. On conçoit aisément la possibilité de modifier une arche de pont pour y exécuter un pont tournant ; mais si ce travail était plus coûteux que de faire une dérivation de peu de longueur, on adopterait ce dernier parti. A Rouen, par exemple, il serait essentiel de transformer une arche du pont en pierre en un pont mobile, et cet ouvrage est très-exécutable ; le barrage étant établi en aval, pour peu qu'il restât 3 ^m, oo d'eau dans l'état actuel au milieu de l'arche à modifier, il y aurait un mouillage suffisant pour le cas de 6 ^m- de tirant d'eau. Cette disposition préviendrait tous les embarras d'une dérivation dans le faubourg Saint-Sever, et ne changerait rien aux habitudes actuelles du commerce maritime de la ville de Rouen.

Au-delà de Bezons, la navigation sera continuée jusqu'où l'on jugera convenable, sans cependant dépasser le pont de Neuilly, attendu qu'il en résulterait des dépenses considérables sans aucun bénéfice pour le commerce. La rivière bordée de quais, à l'extrémité de la navigation, servira de docks, et l'entrepôt sera établi sur un terrain propre à bâtir en outre une ville maritime qui deviendra l'un des faubourgs de Paris.

La construction des barrages régulateurs dont nous avons donné précédemment la description ne suffit pas, ainsi que nous l'avons déjà énoncé, pour créer un tirant d'eau de 5 ^{m}- au moins, de Rouen à Paris. Il faudra, en outre, draguer les hauts-fonds à trois mètres au-dessous de l'étiage actuel. Le nombre n'en est pas considérable, et ils sont généralement à 1^m, 50 et 2^m- en contre-bas de ce plan d'eau. On pourrait se borner à un recreusement de 40^m- de largeur, mais il vaut mieux l'exécuter sur 100 ^{m}, afin que les navires puissent naviguer à la voile dans la rivière et aussi avec les machines à vapeur, sans avoir à craindre d'échouer en s'écartant de la rive du halage, soit par l'effet de la rencontre de deux bâtimens, soit par quelque lenteur dans la manœuvre des voiles.

D'ailleurs, en donnant 100 ^{m}- de largeur au plafond de la rivière dans toute son étendue, il sera beaucoup plus facile de fixer son régime, c'est-à-dire de prévenir de nouveaux attérissemens, dans les endroits recreusés, en faisant usage des caisses indiquées au chapitre II pour resserrer les courans et augmenter leur intensité.

Les déblais provenant du dragage seront assez considérables pour exhausser le chemin de halage, dans la vallée, au-dessus des plus grandes crues et empêcher tout débordement de la rivière. Alors les riverains, propriétaires des terrains inondés, auront un grand intérêt à ce que la Seine soit canalisée. Les courans, pendant les crues extraordinaires, n'en deviendront que plus forts, et ils entraîneront facilement jusques dans la mer tous les sables qui peuvent descendre de la Seine supérieure.

Mais ce barrage régulateur dont les effets viennent d'être décrits n'ayant été exécuté nulle part, peut-on répondre qu'il fonctionnera aussi bien qu'on l'a supposé? Toutes les pièces qui entrent dans le système mobile de ce barrage sont d'une exécution facile; les portes horizontales à tourillons servent généralement de portes de chasse dans nos ports, seulement on place leur axe tournant sur une verticale; il n'y a donc rien de neuf dans ce système que la liaison du flotteur avec les portes; et pour être convaincu de la régularité de ses mouvemens il suffit de l'examiner avec un peu d'attention : cependant, comme toute chose neuve a besoin de l'étude d'une première expérience avant d'être parfaite, nous reconnaissons l'utilité d'un premier essai qui apprendrait plus que la réflexion, pour quelques détails de construction et de manœuvre. Cet essai peut être entrepris dans une localité où un seul pertuis suffirait au débit d'une rivière, qui serait déjà navigable par l'effet de la marée, pour des navires de 4 à 500 tonneaux, et où il serait convenable de former une retenue pour leur flottaison. La construction d'un barrage dans cette localité fournirait donc la preuve complète de ses bons effets, et indiquerait même quelle serait à peu près la pente de superficie des retenues à former dans la Seine, pour la rendre navigable. On s'assurerait encore, ce qu'il est important de savoir, quel serait le rapport des vitesses des filets d'eau à toutes les hauteurs de la colonne en mouvement qui aurait plus de 5 ^{m}. — Un effet avantageux à la navigation et qui doit résulter de la multiplicité des orifices d'écoulement dans ce nouveau système de barrage, sera de rendre la vitesse des filets d'eau à peu près constante depuis le niveau jusqu'au fond de la retenue artificielle, ce qui n'aurait pas lieu si on faisait usage de barrages pleins ou à poutrelles au-dessus desquels s'écoulerait un certain volume d'eau. Alors la vitesse de superficie serait plus grande que celle des filets inférieurs, et il s'en suivrait non-seulement une gêne pour la navigation, mais encore une cause d'attérissement pendant les grandes eaux. On comprend qu'un barrage formé d'une paroi plane qui serait percée de petits trous dans toute son étendue, en nombre suffisant pour débiter un volume d'eau constant sans variation du niveau de la retenue, serait ce que l'on pourrait faire de mieux pour opérer le moindre changement dans le régime d'écoulement des eaux : or, le système de portes mobiles dont nous proposons de faire usage, pour régulariser le niveau des retenues, laissant un vide pour l'écoulement sur toute l'étendue de leur périmètre, se rapproche de celui d'une paroi unique percée comme nous venons de l'indiquer; il est donc à peu près certain que l'effet de ce barrage régulateur n'altérera pas sensiblement le mouvement des courans, c'est-à-dire qu'ils s'établiront dans les retenues presque comme s'il n'y existait pas de barrages (1).

ÉVALUATION DES DÉPENSES.

Nous venons d'établir qu'il faudra exécuter sept barrages régulateurs pour rendre la Seine navigable aux bâtimens de mer mouillant 5 ^{m}- en été, et 6 ^{m}- durant plus de la moitié de l'année ; la construction des sept barrages a été évaluée à raison de trois millions chaque, ce qui fait pour les sept ensemble . . . . 21,000,000 fr. 00

Sept écluses à sas de 16^m- de largeur entre les bajoyers et de 70^m- de longueur, à un million, ci. 7,000,000 00

Traversée des ponts de Bezons, Poissy, Meulan, Limay, Vernon, pont de l'Arche, et construction des ponts tournans, à 400,000 fr. chaque. . . 2,400,000 00

Gares, ou système de charpente à établir dans chaque retenue pour défendre les bâ-

A REPORTER. . . 30,400,000 fr. 00

(1) Dans la Garonne, la vitesse des filets varie peu depuis la surface jusqu'à un mètre du plafond, lorsque la colonne d'eau a plus de 4 mètres de hauteur.

Report. . .   3o,4oo,ooo fr. oo

timens du choc des glaces dans les débâcles, à 100,000 fr. chaque, font.   700,000   oo

Dragage : les hauts-fonds de la Seine ne s'étendent que sur 180 kilomètres, et la profondeur moyenne de la rivière sur les hauts-fonds est de $1^m, 80_c$: sur les deux tiers des 180 kilomètres le mouillage est d'environ 3^m; on peut donc évaluer à 60 kilomètres la longueur du plafond à draguer sur 100^m- de largeur et $1^m, 20$ d'épaisseur réduite, ce qui fait 120^m- par mètre courant; ou $7,200,000^m$ cubes pour toute l'étendue, lesquels seront dragués avec des machines à vapeur, et coûteront, à raison de 1 fr. 3o c. par mètre, ci. . . . .   9,36o,ooo   oo

Somme. . . . .   4o,46o,ooo fr. oo

Dépenses imprévues pour les caisses destinées à resserrer les courans dans les coudes de la rivière, et autres travaux . . .   1,54o,ooo   oo

Total. . . . .   42.000,000 fr. oo

REPORT. . . . . 42,000,000 fr. 00

Si on ajoute à cette somme le 25 p. 0/0 que nous allouons pour couvrir tous les faux frais, excès de dépenses, etc. . . . . . 10,500,000 fr. 00

Le maximum du montant réel de la dépense pour créer un mouillage de 5 ^{m}- en été, de 6 ^{m}- en hiver, de Bezons à Rouen, sera de. . . . . 52,500,000 fr. 00

RÉCAPITULATION DES DÉPENSES A FAIRE POUR CRÉER UN TIRANT D'EAU DE 5 ^{m} EN ÉTÉ, DE 6 ^{m} EN HIVER, DE BEZONS A LA MER, DANS LA SEINE.

1° Partie en amont de Rouen, évaluation du projet, non compris la somme à valoir . . . . . 42,000,000 fr.

2° Partie en aval de Rouen. 16,000,000

3° Digues de la rade à former à l'embouchure de la Seine 14,800,000

TOTAL . . . . 72,800,000 fr.

Le montant de la somme à valoir pour les dépenses imprévues se compose ainsi qu'il suit :

REPORT. . . 72,800,000 fr. oo

    1° Partie en amont de
Rouen. . . . . . . 10,500,000 f.

    2° Partie en
aval 4,000,000

    3° Digues de
la rade. 4,200,000

Montant des
sommes à valoir. 18,700,000 f.   18,700,000 fr. oo

Maximum de la dépense
réelle . . . . 91,500,000 fr. oo

Passé à. . . . 92,000,000 fr. oo

Cette dépense sera réduite à 80 millions par le produit du desséchement des marais situés sur l'une et l'autre rive de la Seine inférieure qui contiennent plus de dix mille hectares et dont la plus value s'élevera au moins à douze millions.

Et en augmentant cette dépense de la somme de douze millions pour l'établissement de trois barrages en sus de sept qui sont nécessaires pour créer de Rouen à Bezons un mouillage d'au moins 5^m, on aura pour 92 millions un tirant d'eau de 6^m- en été et de 7^m- en hiver, qui suffira aux navires de commerce de mille à douze cents tonneaux et aux frégates armées.

Nous évaluons à 400,000 tonneaux de parcours entier les marchandises qui dans l'état actuel du commerce suivraient la voie fluviale si elle était améliorée comme nous l'avons proposé, et qui, à raison de 3o f. par tonneau, terme moyen du droit proportionnel à établir sur les diverses natures de marchandises, donneront un produit de douze millions.

CHAPITRE V.

Après avoir développé les principes de notre projet, présenté l'évaluation de ses dépenses et de ses produits, il convient d'exposer notre système d'exécution.

Nous commencerons d'abord par construire en aval de Villequier une longueur de berges artificielles de 3 à 400^m, pouvant coûter de 4 à 500,000 f. Si dans cet espace la rivière rétrécie se recreuse par les courans jusqu'à la profondeur d'au moins 6^m-au-dessous de la basse mer, on sera sûr qu'en prolongeant les travaux on obtiendra les mêmes résultats jusqu'à l'embouchure de la Seine. Cette première expérience est fort importante puisqu'elle doit décider la question de l'amélioration de la Seine inférieure qui sert de base à nos travaux. Une fois cette preuve acquise nous conti-

nuons les berges artificielles vers l'embouchure de
la Seine, et par une dépense de huit millions au
maximum, nous rendrons en dix-huit mois la Seine
navigable, de Rouen à la mer, par le chenal de
Honfleur, pour les navires de 5 à 600 tonneaux.
Dès qu'il sera constaté que cette navigation peut
s'exécuter en quarante-huit heures pour tout navire mouillant au moins 5 ᵐ⁻, nous serons autori-
sés à percevoir le droit de péage imposé sur chaque tonneau de marchandise tant à la montée
qu'à la descente de la rivière, et ce droit s'élevera
même dans la première année à plus de deux
millions. Alors nous entreprendrons les travaux
des digues de la rade, nous commencerons par
élever un massif de 50 ᵐ⁻ de longueur sur le banc
de l'Éclat où les vagues ont le plus de violence. Si,
comme nous n'en doutons pas, il résiste à leur effort, nous terminerons toute cette partie de la digue qui s'appuie sur le banc de l'Éclat. Cette nouvelle construction, couvrant la petite rade du Hâvre
et présentant aux bâtimens de commerce un abri sûr
et commode, produira un péage pour le station-
nement des navires. Ce revenu et celui du chenal
de Honfleur serviront, et bien au-delà, à acquitter
les intérêts des sommes nécessaires pour achever
les digues de l'embouchure et construire le chenal du Hâvre.

En même tems que nous exécuterons les digues
à la mer nous entreprendrons l'établissement de
10 ou 7 barrages régulateurs, selon que l'on vou-
dra faire arriver à Paris les navires de 1000 ton-

neaux et les frégates armées, ou seulement les navires de 5oo tonneaux : ces barrages, depuis Rouen jusqu'à Bezons, seront achevés en quatre ans. Les dragages seront terminés dans le même tems, et la grande navigation remontera jusqu'à Paris 6 à 7 ans après le commencement des premiers ouvrages (1).

En procédant d'après cet ordre, nous aurons porté un prompt remède au plus grand mal par l'amélioration de la navigation de la Seine inférieure, et assuré les dépenses de nos travaux à venir par les premiers produits que nous aurons obtenus.

---

(1) Si l'on élevait quelque doute sur l'efficacité du barrage régulateur, il serait facile d'établir un pertuis semblable à ceux qui composeront notre barrage sur une rivière où l'expérience pourrait être complète, à Landerneau, par exemple, où il serait fort utile de créer une retenue propre à la flottaison des navires de 5oo tonneaux. Un chenal en ligne directe, de 15oo mètres de longueur, creusé pour former un nouveau lit à la rivière, sur 12 mètres de largeur de plafond, à 6 mètres au-dessous des hautes marées, servirait parfaitement pour les observations à faire sur la pente de superficie de la retenue et sur la variation de vitesse des filets d'eau à différentes hauteurs.

CONCLUSION.

Nous avons examiné dans son ensemble et dans ses détails la question de l'établissement d'une grande navigation entre Paris et la mer.

Maintenant il importe de fixer, par un résumé rapide des principes que nous avons émis, la base sur laquelle doit s'établir la discussion.

L'insuffisance de la Seine, comme voie de transport et moyen de communication entre Paris et la mer, dans la situation actuelle des choses, est démontrée. Les inconvéniens de la navigation de la Seine inférieure appellent un prompt remède ; cette première amélioration commencée entraîne un perfectionnement complet : ce perfectionnement doit s'étendre aussi loin que possible, pourvu que le produit en couvre la dépense.

Il n'existe que deux moyens pour arriver à ce résultat, un canal latéral et la voie fluviale.

Le chemin de fer ne peut entrer en comparaison que sous le rapport de l'économie des frais de transport; et en ayant égard à la masse des marchandises à transporter, il présente même sous ce point de vue moins d'avantage que la navigation, et comme d'un autre côté il ne remplit pas les conditions les plus importantes de cette navigation, il doit être écarté du concours.

Comparons les deux moyens à employer, le canal latéral et la voie fluviale.

Le canal, en supposant qu'il conserve un tirant d'eau de 5 mètres, ne peut recevoir que les navires de 5oo tonneaux. La voie fluviale, dans tout le développemeut de notre système d'amélioration, comporte les navires de 1ooo tonnaux et les frégates armées. Elle admet donc le plus grand accroissement du tonnage pour les navires du commerce et la question militaire, dont l'avantage ne saurait être contesté.

La navigation en canal est affectée de tous les inconvéniens de la navigation fluviale, puisqu'elle est assujétie à 6 traversées de la rivière, et qu'en outre, par l'effet des infiltrations, il s'établira des courans dans les biez du canal.

Ces infiltrations produiront des inconvéniens beaucoup plus graves encore, la diminution du tirant d'eau, et l'inondation de la vallée de la Seine.

La construction d'un canal latéral à la Seine à grand tirant d'eau est une inconnue complète, ou si l'on aime mieux chercher la solution de ce problème dans les travaux de ce genre entrepris jusqu'à ce jour, qu'on examine le résultat du canal Calédonien, dont le niveau s'est abaissé par suite des infiltrations de 6^m, 10° à 3^m, 66.

Ainsi, pour un résultat au moins incertain et insuffisant, s'il est obtenu, il faudra dépenser 150 millions sans qu'aucun essai préalable et partiel puisse répondre à des objections fortifiées d'une expérience récente, dont on ne contestera pas l'importance, puisqu'elle a été faite en Angleterre. Nous demandons s'il est une nation qui puisse payer une prime aussi considérable, le succès fût-il même garanti par les ingénieurs les plus habiles, lorsqu'à côté de tous les dangers, de toutes les incertitudes d'une aussi vaste entreprise, une compagnie vient lui dire : «Nous avons étudié la question de l'établissement d'une grande navigation entre Paris et la mer ; nous avons établi notre projet sur une voie connue dont les ressources et les difficultés sont depuis long-tems appréciées. Nous avons trouvé dans la navigation de la Seine de Rouen à Caudebec un type pour tout le reste de son cours, nous avons observé dans d'autres rivières l'effet puissant d'une force motrice qui existe dans la Seine, et dont il s'agit seulement de savoir profiter. L'efficacité des travaux que nous proposons est démontrée par des faits. Cette preuve ne nous suffit pas encore, nous réclamons une expérience préalable, et cette expérience, au lieu de 150 millions, coûtera 500 mille francs.

«Par une dépense de 92 millions nous créons

une grande navigation tout à la fois commerciale et militaire. »

A supposer que le projet d'un canal latéral n'eût aucun des inconvéniens que nous avons signalés, que son exécution fût possible, que son existence fût sans danger pour les propriétés riveraines, qu'il pût servir à la navigation parvenue à son plus grand développement, et que la dépense de sa construction ne s'élevât qu'à 92 millions, les auteurs de ce projet n'auraient point encore satisfait aux exigences raisonnables du public, si comme nous ils ne venaient offrir une démonstration pratique, une preuve évidente de leur système.

A Dieu ne plaise qu'en insistant sur ce dernier argument, nous voulions repousser une concurrence dont nous avons établi la nécessité dans notre introduction! nous avons seulement voulu prouver que si un projet pouvait s'élever au-dessus de ce droit commun à tous, ce n'était pas le projet de canal latéral.

Cette concurrence se divise en deux parties bien distinctes, savoir le concours des projets d'art, et la concession par adjudication à la compagnie qui, avec les garanties suffisantes, présentera au public les conditions les plus avantageuses pour l'exécution du meilleur projet.

Nous avons dans notre introduction établi la nécessité du concours des projets d'art, et nous espérons que notre mémoire n'aura pas été inutile à la confirmation de ce principe.

Nous n'admettons pas de travail préparatoire,

de spéculation préalable, d'invention même qui, dans une entreprise de cette importance, puisse assurer à une compagnie quelconque un privilége d'exécution; et que serait-ce donc encore si ce privilége était réclamé par une compagnie dont le projet aurait succombé dans ce concours ? Des travaux statistiques d'une haute importance, mais dont les élemens appartiennent au public, puisque l'administration en a le dépôt, ne peuvent faire fléchir le principe de la concurrence, et jamais peut-être la société n'a été plus intéressée à en réclamer l'application.

PARALLÈLE ENTRE LES PRIX DE TRANSPORT RÉSULTANT
1° DE L'ÉTABLISSEMENT D'UN CHEMIN EN FER ; 2° DE
LA NAVIGATION MARITIME DU HAVRE A PARIS.

Les prix du transport des marchandises entre deux points donnés, tels que le Hâvre et Paris, par exemple, soit par une voie en
fer, soit par la voie fluviale perfectionnée, doivent être regardés
comme les premiers élémens de la discussion des projets à exécuter
pour rendre ce transport le plus avantageux possible au commerce
et au pays. Si l'on voulait établir la comparaison de ces prix par les
deux espèces de voie, en supposant que la dépense de tems fût la
même dans l'un et l'autre hypothèse, il est hors de doute que la voie
fluviale ne fût pas la plus onéreuse ; car, outre qu'elle a une longueur presque double de celle qu'aurait la voie en fer, la résistance
du fluide augmentant à peu près comme le carré de la vitesse des
flotteurs, et les frottemens sur le chemin de fer ne changeant point
quelle que soit la vitessse des charriots, il est évident que tout
l'avantage appartiendrait à cette dernière voie. Mais les spéculations
commerciales, surtout celles qui dépendent de la navigation sur mer,
ne peuvent tenir compte de deux ou trois jours de retard pour un
trajet ; il n'est donc pas nécessaire, dans le cas dont il s'agit, de
considérer la question sous le rapport d'une vitesse plus grande que
celle qui exigerait cent heures pour effectuer le transport du Hâvre
à Paris, laquelle correspond à 3 kilomètres 1/2 par heure.

Toutes les évaluations faites sur le prix moyen d'établissement
des chemins en fer, en Angleterre, prouvent qu'en France la dépense moyenne d'une double voie, susceptible de résister à un char-
roi très-actif et rarement interrompu, doit être estimée à 150,000 fr.
par kilomètre (1). A raison de huit pour cent, l'intérêt de cette
somme est de   12,000,   oo

Les frais annuels d'entretien et d'administration ne peuvent être estimés qu'approximative-
ment, car il n'y a encore qu'un petit nombre
d'années qu'on fait usage de ces chemins : les
Anglais estiment au trentième du montant de la
dépense le seul entretien ; nous y comprendrons,
en outre, les frais d'administration, ci 1/30°. .   5000,   oo

Total de l'impôt fixe à percevoir sur les mouvemens de transport par la voie en fer   17,000,   oo

---

(1) MM. Séguin ont admis cette évaluation pour leur chemin de fer de St.-Étienne.

On compte, en Angleterre, environ 300 jours de travail effectif durant l'année : divisant 17,000 f. par 300, le quotient 56 f. 66 exprime l'impôt fixe à percevoir moyennement et par jour sur chaque kilomètre de chemin en fer.

La fraction de cet impôt fixe applicable à chaque tonneau de marchandise transporté à une distance (un kilomètre) sera d'autant plus petite que les mouvemens de transport seront plus considérables. Établissons plusieurs hypothèses pour le tems présent et un avenir probable.

Aujourd'hui la masse des transports qui suivrait la voie en fer du Hâvre à Paris est annuellement d'environ 400,000 tonneaux ; la distance est de 200 kilomètres.

Or, 400,000 tonneaux répartis en 300 jours de travail font, par jour, 1333 tonneaux 1/3 passant sur chaque kilomètre, lesquels doivent fournir 56 fr. 66 c. : ce qui fait par tonneau et par distance 0 fr. 042.

A ce droit fixe il faut ajouter maintenant les frais réels du mouvement de transport exécuté au moyen de chevaux. En Angleterre, on fait généralement usage des machines à vapeur locomotives, qui dépensent plus de 60 kilogrammes de charbon de première qualité pour développer par jour la même quantité de travail utile qu'un cheval : sur la route du Hâvre à Paris le charbon coûtant plus de 0,05 le kilogramme, l'emploi de ces machines y serait onéreux.

Un cheval est capable de traîner sur une voie en fer 6,000 kilogrammes à la distance de 24 kilomètres par jour, en parcourant 3 kilomètres et demi par heure sur un chemin horizontal, ce qui fait au maximum 144,000 kilogrammes ou 144 tonneaux portés à une distance. La journée du cheval, tous frais compris, coûtant 5 fr. 75 c., le prix du tonneau transporté à un kilomètre sera de 0 fr. 04 c.

Il est bien certain que les cargaisons des navires arrivant au Hâvre, à Rouen, etc. ne seraient pas enlevées immédiatement par les chariots, et qu'il y aurait toujours des frais de transport, d'emmagasinage, de commission, etc., qu'on ne peut évaluer à moins de 3 fr. par tonneau de marchandises : cette somme répartie pour deux cents distances produit par kilomètre 0 fr. 015 c., réduit à 0 fr. 01 c. à cause des marchandises qui descendent de Paris.

En récapitulant ces diverses dépenses on aura, dans l'hypothèse d'un mouvement de transport de 400,000 tonneaux,

1° Intérêts de construction, d'entretien et d'administration.. 0 fr. 042

2° Frais réels du mouvement de transport par chevaux, ci.. 0 040

3° Frais des chariots, le quart de ceux de transport, y compris les machines stationnaires.................. 0 010

A REPORTER..... 0 fr. 092

REPORT.... o fr. 092

4° Frais d'emmagasinage, etc..................... o 010

Total des droits à percevoir par tonneau et par distance, ci ....•........................ o fr. 102

Du Hâvre à Paris la distance étant de 200 kilomètres, le prix de transport d'un tonneau, par la voie en fer, sera de. . . 20 fr. 20 c.

Il en coûte présentement par la Seine de 28 à 30 fr., y compris les frais de commission, etc., etc.

Le montant des travaux à exécuter pour établir la navigation à grand tirant d'eau de la mer à Paris est de 80 millions, dont l'intérêt à raison de 8 pour 100 par an est de........... 6,400,000 fr. 00

Frais annuels d'entretien des travaux et d'administration................................. 600,000 00

Total des droits à imposer pour couvrir les frais de construction, etc. .... 7,000.000 fr. 00

Dans l'hypothèse d'un mouvement de transport de 400,000 tonneaux du Hâvre à Paris, et retour, il faut diviser 7 millions par 400,000 pour avoir le droit à imposer, par tonneau, sur environ 360 kilomètres, ce qui fait 17 fr. 50 c., à laquelle somme il faut ajouter les frais de halage.

Or, un cheval est capable de traîner, dans sa journée, à 24 kilomètres de distance, 60 tonneaux de marchandises portés par un bâtiment de commerce faisant 3 kilomètres et demi à l'heure, ce qui correspond au transport de 1440 tonneaux à une distance. Le prix de la journée du cheval, comme pour le chemin en fer, est de 5 fr. 75 c., qui, divisé par 1440, fournit o fr. 004 pour le prix d'un tonneau porté à une distance, et 1 fr. 44 c. pour celui d'un tonneau transporté par eau à 360 kilomètres.

Le droit total à imposer par la voie fluviale, pour un tonneau de marchandises transporté de la mer à Paris, tous frais compris, serait donc de 17 fr. 50 c., plus 1 fr. 44 c., ou 18 fr. 94 c. lequel est inférieur de 1 fr. 26 c. au prix trouvé par la voie en fer.

Lorsque l'on suppose un plus grand mouvement de transport de marchandises, alors les droits à imposer par la voie fluviale diminuent suivant une progression plus rapide que par le chemin de fer.

	Voie en fer.	Voie fluviale.
Ainsi pour 500,000 tonneaux ces prix sont...	19 fr. 00 c. —	15 fr. 44 c.
Pour 600,000 tonneaux	17 60 —	13 30
Pour 800,000 tonneaux	16 00 —	10 19

On n'a pas tenu compte, dans les frais de transport par la voie fluviale, du tems employé pour la montée et la descente des navires, par la raison que les affrétemens se font toujours avec quinze ou vingt jours de *planche*, et qu'il n'en faudra que huit pour opérer le double trajet de la mer à Paris et retour.

FIN.

PLAN

DE

L'EMBOUCHURE DE LA SEINE.

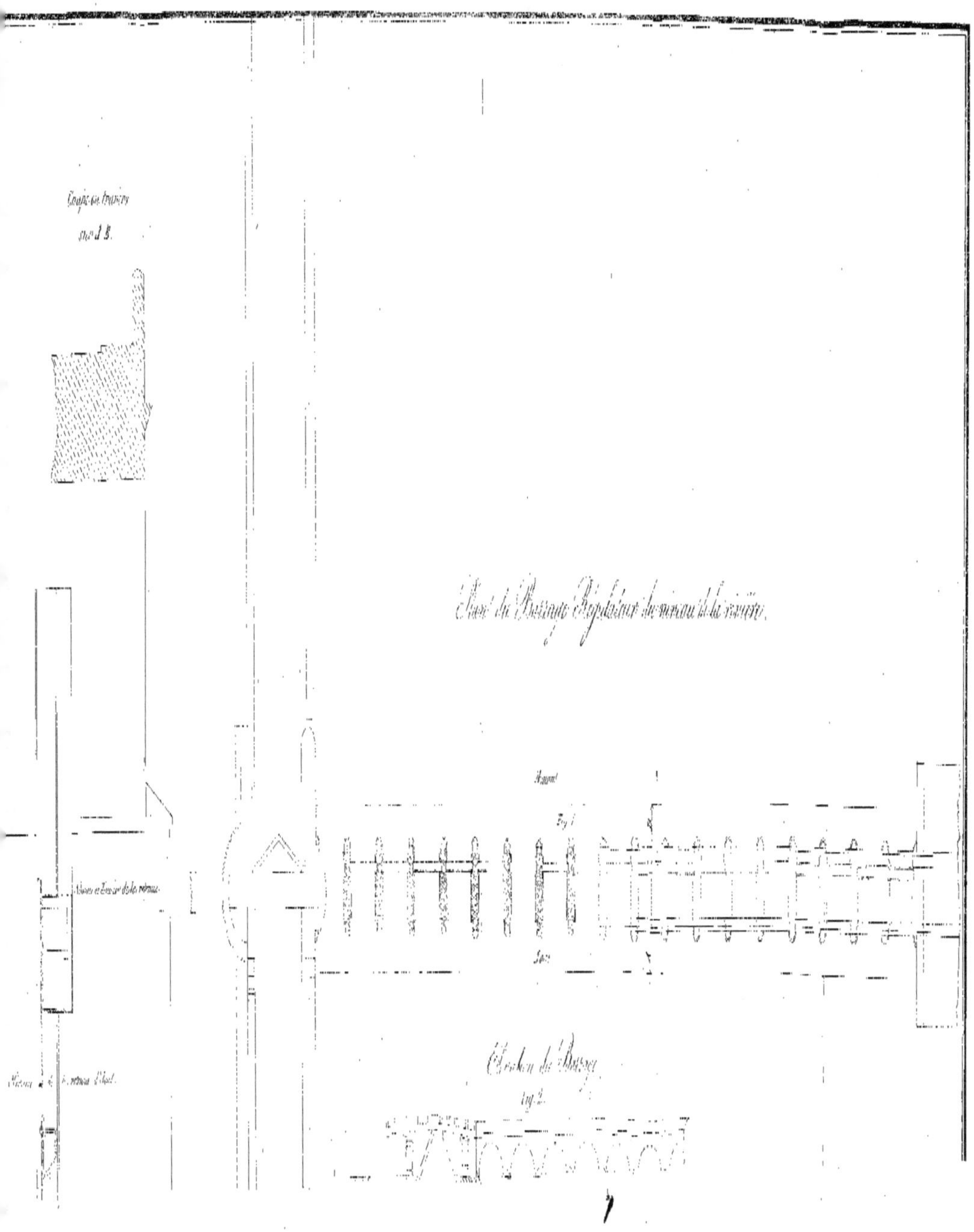

Coupe en travers
sur A B.
Plan du Barrage Régulateur du niveau de la rivière.
Amont
Aval
Vannes et écluse d'eau...
Vannes et écluse d'eau...
Élévation du Barrage
fig. 2.